MANUALES DE DISEÑO DE MODA

PRENDAS DE PUNTO

JULIANA SISSONS

GG®

Título original: *Knitwear*. Publicado originariamente por AVA Publishing S.A.

Diseño gráfico: Sifer Design

Traducción de Cris Cuenca
Diseño de la cubierta: Toni Cabré/Editorial Gustavo Gili, SL
Imágenes e ilustraciones de la cubierta:
Andrew Perris Photography y Penny Brown

Printed in Singapore
ISBN: 978-84-252-2407-2

Editorial Gustavo Gili, SL

Rosselló 87-89, 08029 Barcelona, España. Tel. 93 322 81 61
Valle de Bravo 21, 53050 Naucalpan, México. Tel. 55 60 60 11
Praceta Notícias da Amadora 4-B, 2700-606 Amadora, Portugal.
Tel. 21 491 09 36

1   Diseño de prenda de punto de Johan
Ku, parte de su colección *Escultura
emocional*.

Índice

"*Yo fui quien recuperó la idea de las prendas de punto de calidad en la moda. No hay nada más sexi que un* twin set."

Vivienne Westwood

1   Diseño en punto de Alexander
     McQueen, otoño/invierno 2009.

"Es una libertad ser capaz de hacer tu propio tejido mientras trabajas. Para mí, es un reto absoluto."

Sandra Backlund

1 Flores de Laura Wooding. Con macramé y técnicas de punto a mano con hilos de lana de cordero, Laura recreó el volumen y la suavidad de densas flores.

Con el fin de desarrollar una nueva mirada hacia el punto, y hacia las ideas que se dan por sentadas, hemos de entender primero cómo surgieron estas técnicas a lo largo de la historia y tener en cuenta los clásicos, los diseños sin época, como puntos de partida significantes y creativos para futuros desarrollos de diseño. Las habilidades y motivos del punto artesanal se han sucedido de generación en generación, con el resultado de la comprensión y el reconocimiento del punto como una tradición intelectual y artística. Cada año se gradúan en las escuelas textiles y de moda un número en aumento de nuevos y entusiastas diseñadores, y al comparar sus diseños con los de aquellos primeros tejedores, una historia empieza a surgir.

Este capítulo ofrece una introducción al punto y al diseño de prendas de punto mediante la comparación de las técnicas de punto tradicional con sus reinvenciones modernas. Atiende a las características y al comportamiento de diferentes fibras e hilos, desde los más tradicionales a los más contemporáneos, como el metal, el acero y el plástico. Ofrece una visión general de las herramientas y de las máquinas de hacer punto, así como de los diferentes aspectos del trabajo que con ellas se realiza. Por último, aborda cómo los desarrollos en diseño y tecnología están reinventando radicalmente este oficio tradicional.

Acercarse al punto > El desarrollo creativo

Reinventar el punto tradicional

Aunque los desarrollos en la tecnología conducen a nuevas maneras de crear prendas y tejidos de punto, muchos estudiantes y diseñadores buscan técnicas tradicionales para inspirarse y fusionarlas
con ideas contemporáneas. Los diseñadores están sacando parti-
do de las cualidades únicas que ofrece el punto y llevan al límite inusuales hilos y materias además de jugar con la escala. Existe
una interacción natural entre artesanía, diseño y nuevas tecnologías. Prestaremos atención a algunos de estos tejidos tradicionales
de punto —los jerséis gansey de los pescadores de la isla británica de
Guernsey, las trenzas de Arán, el Fair Isle y los calados— y explora-
remos sus reinvenciones modernas.

Breve historia

Los tejidos de lana nos han protegido desde épocas tempranas y sabemos que los seres humanos eran capaces de tejer tan sólo con sus dedos desde el año 1000 a.C. Probablemente también se utilizaban técnicas como los bastidores de clavijas, similares al punto de bolillos francés, junto con el punto de aguja a mano.

Existen varias pinturas europeas que retratan a la Virgen María tejiendo, lo que deja constancia de que el punto ya se practicaba en el siglo XIV. Aquí se muestra una pintura del maestro Bertram en la que se ve a la Virgen mientras teje con cuatro agujas una prenda sin costuras para Cristo. El punto a mano era común en la Europa medieval y la producción de cofias, guantes y calcetines constituía una industria importante.

En 1589, el reverendo William Lee inventó el bastidor de punto para medias con el que revolucionó el comercio de prendas de punto. Esta primera máquina, que fue pensada para tejer la lana corta y fina de las ovejas del bosque de Sherwood, producía punto grueso con el que se confeccionaban las medias de las campesinas. Lee no tuvo éxito en la promoción de su bastidor. La reina Isabel rechazó su patente porque temió que pusiera en peligro la industria del punto a mano. Entonces, el reverendo William Lee desarrolló el bastidor para ser utilizado con seda: la máquina original tenía ocho agujas por pulgada; esta nueva máquina estaba pensada para tener 20 agujas por pulgada y era perfecta para hacer medias caras de fantasía. Los ingleses seguían sin estar interesados y Lee se llevó el bastidor a Francia, donde resultó ser un éxito.

Hacia finales del siglo XVII su uso se extendió por toda Europa. La construcción del punto se hizo más rápida porque ahora, en lugar de tejer malla por malla, se hacían filas de mallas de una sola vez. La máquina se fue perfeccionando y hacia el siglo XVIII la idea de tejer calados abrió nuevas posibilidades en el diseño. A finales del siglo XIX la industria del punto había adquirido un tamaño enorme; las nuevas innovaciones en la tecnología allanaron el camino hacia las máquinas de bastidor recto.

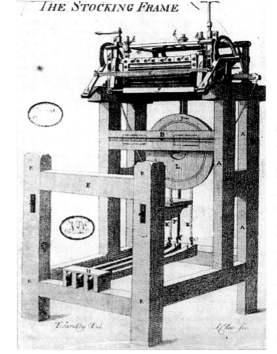

THE STOCKING FRAME

1   *La visita del ángel*, más conocido como *La Virgen tejiendo*, del Maestro Bertram de Minden, 1400-1410.
2   La máquina de punto de bastidor fue inventada por William Lee en 1589.

2

Reinventar el punto tradicional > Los hilos y las fibras

Los jerséis de punto de Guernsey

Los jerséis de punto de la isla de Guernsey surgieron en estas islas del Canal de la Mancha, al norte de la costa francesa. Las prendas de estos pescadores eran resistentes, cómodas y cálidas; se hacían con lana a la que no se extraía la lanolina, con mallas muy apretadas y podían resistir la lluvia y las rociadas de agua del mar. Los jerséis originales eran azul oscuro, casi negro, y se tejían de manera tubular usando cuatro o más agujas para garantizar que las prendas fueran sin costuras. Los diseños solían tejerse con motivos a modo de bandas, algunas veces con diferentes texturas.

Gracias a la apertura de rutas comerciales en el siglo XVII, estas prendas pronto se convirtieron en el básico de los pescadores en todo el Reino Unido, que adaptaron las prendas, conocidas como ganseys con nuevos motivos y texturas. Los diseños pasaban de una generación a otra. La riqueza de motivos en las mallas ofrecía grandes posibilidades para el diseño individual. Estas prendas eran apreciadas, cuidadas, arregladas y a menudo se pasaban entre generaciones de una familia. Se dice que un pescador que moría en el mar podía ser identificado por el diseño de su jersey.

1

2

Los jerséis de Arán

Las islas de Arán están situadas en la costa oeste de Irlanda. La mayoría de los historiadores coinciden en que el jersey de Arán es una invención relativamente reciente. En la década de 1890, el gobierno irlandés promovió una iniciativa para animar a las familias más pobres a tejer prendas para su venta.

Originalmente, las prendas se tejían en lana gruesa sin tratar que mantenía sus aceites naturales (lanolina); solían ser de color crema, excepcionalmente de color negro. Un tejido de Arán tiene muchos motivos con trenzas tejidas muy juntas, nidos de abeja, rombos y efectos entramados, a menudo muestran diferentes motivos tanto en el delantero como en la espalda. La base de muchos motivos de Arán es la trenza sencilla, un diseño de cuerda retorcida que consiste en un cierto número de mallas divididas de manera que se puedan retorcer unas sobre otras. Un diseño típico de Arán podría ser un panel central con dos paneles laterales y mallas trenzadas. El tejedor se vale de herramientas para mover una malla o un grupo de mallas sobre o detrás de otras.

3

1   Pescadores de las islas Shetland
    vistiendo jerséis ganseys de punto
    tejido a mano y con motivos físicos,
    en hilo de estambre, c. 1900.
    Archivos del Museo de Shetland.
2   Mini ganseys de Annie Shaw.
3   Interpretación moderna del punto
    de Arán tradicional realizada por
    Alexander McQueen, otoño/invierno
    2006.

Las prendas de punto de Fair Isle

Las prendas de punto de Fair Isle son conocidas por sus especiales motivos multicolores. Fair Isle, una pequeña isla al sur de las Islas Shetland, era un centro de comercio frecuentemente visitado por las flotas que venían del norte y del mar Báltico. En los tejidos de punto de Fair Isle se aprecian influencias de países como Escandinavia y España.

La industria artesanal floreció y continuó su desarrollo hasta principios de 1800, cuando declinó. Hacia 1910 los tejidos de punto de Fair Isle se habían hecho de nuevo populares; los tejedores continuaban experimentando con motivos y colores, y hacia 1920 su estilo se había convertido en una moda distintiva para las clases media y alta.

Mientras los tejidos de punto de Arán combinan efectos de textura, el punto de Fair Isle se concentra en el motivo y en el color. El punto de Fair Isle es una combinación de repeticiones de diseños y motivos, que suelen romperse en bandas o bloques verticales u horizontales. Las instrucciones del tricotado se dan por tablas, en las que se ofrece una impresión visual de cómo quedará el diseño una vez terminado. Existe un gran potencial de diseño con las diferentes combinaciones de motivos y ribetes. Para más información sobre motivos Fair Isle, véanse las páginas 92 y 93.

2   3

El punto calado

Las islas Shetland son también famo-
sas por sus motivos calados, tejidos
con hilos suaves, muy finos. Los cha-
les calados se trabajaban desde los
bordes hacia dentro. Los diseños
variaban desde los motivos de rejilla
sencillos, basados en el punto bobo
—también llamado punto revés-
revés—, a motivos calados más
complicados, basados en el punto
de media. A los diferentes motivos de
calado se les daba nombres para
describir el punto, como "*old shale*",
que representa olas en la playa.
Otros son más descriptivos, como
"plumas y abanicos", "cresta de la
ola", "pata de gato" y "herradura".

Los motivos calados permitían
numerosas modificaciones y combinaciones. Esto posibilitó la producción de piezas de calados lujosas y
de diseño individualizado. El punto
calado nunca ha desaparecido del
todo; muchos artesanos aún hoy disfrutan de este reto. Véanse las páginas 76 a la 79 para saber más sobre
los calados.

Medias a rombos

Originadas en Escocia, las medias a
rombos se llevaban con faldas esco-
cesas, sobre todo por los regimien-
tos militares. El motivo se trabajaba
tanto en cuadros grandes, que mos-
traban entre sí áreas claras, oscuras
o de medio tono, como un cuadro
tartan. En lugar de tejerse de forma
tubular con cuatro agujas, estas
medias se tejían con dos agujas y
con largos diferentes de hilo para
cada color.

1   Punto Fair Isle de Hannah Taylor.
    Fotografía de Jojo Ma.
2   Mujeres de las Islas Shetland tejiendo
    punto calado (izquierda) y Fair Isle
    (derecha), a principios del siglo xx.
    Archivos del Shetland Museum.
3   Interpretación moderna de medias
    a rombos de Vivienne Westwood,
    otoño/invierno 2007. Catwalking.
    com.

Reinventar el punto tradicional > Los hilos y las fibras

Los hilos y las fibras

En la elección de los hilos hay muchos factores que tener en cuenta; lo más importante es que sean de calidad y adecuados para el resultado final. A continuación, damos unas pautas acerca de la gran variedad de hilos disponibles para los tejedores a máquina e intentamos aclarar algunos malentendidos sobre el grosor de los hilos, los procesos de hilatura y los diferentes tipos de composiciones de fibra.

Todos los hilos se hacen a partir de fibras naturales o artificiales, que vienen en varios largos conocidos como filamento o como fibra cortada. Los filamentos son fibras muy largas hechas con un largo continuo. Las fibras sintéticas se producen en forma de filamento y se cortan luego en largos de fibra cortada antes de hilarlas. La única fibra natural en filamento es la seda. Las fibras cortadas son mucho más cortas: cantidades de porciones separadas se retuercen y se hilan juntas para hacer un hilo de fibra cortada. A veces, por razones de fuerza, diseño o economía, se pueden hacer hilos con mezcla de filamentos y de fibras cortadas.

La hilatura

La hilatura conlleva el retorcimiento conjunto de las fibras cortadas para formar largos de hilo. Primero se utiliza un proceso llamado cardado para separar las fibras enmarañadas. Las máquinas de cardado, que consisten en grandes rodillos cubiertos con alambres afilados, crean un delgado paño de fibras divididas en tiras estrechas, conocidas como mechas. Estas mechas se estiran y entonces se hilan. Los hilos se pueden torcer en el sentido de las agujas del reloj o en el sentido opuesto, resultando una torsión "S" o "Z". Si el retorcido se hace de manera prieta, produce un hilo fuerte y compacto, y si se hace de manera más suelta, resulta un hilo voluminoso y suave, menos fuerte pero con buenas propiedades aislantes.

Los hilos hilados a mano se pueden tejer a máquina, pero suelen destinarse a una máquina para hilos gruesos dada su textura irregular. Los hilos de un único cabo, o hilos doblados, se producen mediante el proceso de hilatura. Estos cabos se pueden torcer junto a otros cabos para producir un hilo más grueso, conocido como hilo a dos cabos, a tres cabos, etc. Además, mezclar varios cabos evita que los hilos pierdan la torsión y hace que el tejido final caiga de manera recta. Se pueden conseguir diferentes efectos en función del número de cabos que se combinen y de la manera en qué se hayan torcido. Los hilos de fantasía presentan una gran variedad de texturas y combinaciones de color producidas durante la hilatura.

1–2   Selección de muestras tejidas y de hilos hilados a mano de Jennifer Dalby.

2

Los hilos de fibra natural

Los hilos de fibra natural pueden ser de procedencia animal o vegetal. Las principales fibras animales de las que se obtiene hilo son tres: la lana, el pelo y la seda. Las principales fibras vegetales son dos: lino y algodón.

#28 Handspun Grey
Blue Faced Leicester
and Herdwick (chunky)
yarn.

Hand knitted ladder
stitch with natural rope.

La lana

Obtenida a partir del vellón de la oveja, los hilos de lana son, con diferencia, el tipo de hilo más usado en el punto. Tienen elasticidad natural, por lo que resulta fácil trabajar con ellos. Son gruesos o finos, dependiendo de cómo hayan sido hilados, y su calidad varía en función de la raza de la oveja. Algunas lanas tienen largos de fibra cortada más largos y más delgados; por ejemplo, la lana merino, de la oveja merina, tiene una fibra más fina que las demás. Los hilos Shetland tienen largos de fibra cortada más cortos; en ocasiones "pican" porque las fibras más cortas y más gruesas se salen del hilo una vez hilado. La lana de estambre se hila mezclando varios largos de fibra, lo que la hace más suave, fuerte y brillante que la lana Shetland.

El pelo

El pelo se obtiene del pelaje de animales distintos a la oveja, aunque las fibras de pelo a menudo se mezclan con lana de oveja. Algunos incluyen el *mohair*, que proviene de la cabra de Angora. Estos hilos son lujosos y tienen una superficie de pelo única; cuando se mezclan con lana o seda su apariencia se hace más refinada. Los hilos de angora, que proceden del conejo de Angora, son hilos suaves, sedosos y esponjosos, suelen mezclarse con lana para que ganen fuerza. Los hilos de *cashmere*, o cachemira, son otros hilos lujosos; se obtienen de la cabra de Cachemira y son hilos suaves, cálidos y de peso ligero.

La seda

Recolectada de los gusanos de seda, la seda es la única fibra natural en filamento. Es fuerte, de apariencia suave y brillante y a menudo se mezcla con otras fibras para conseguir que resulte más versátil. Es una fibra cara, en cambio, su hilatura es barata, puesto que se realiza con las partes rotas del sobrante de filamento, hiladas juntas. La seda salvaje, obtenida de los gusanos que no están domesticados, es gruesa e irregular.

El lino

Las largas fibras cortadas de los hilos de lino se obtienen del tallo de la planta del lino. Estos fuertes hilos carecen de elasticidad y por lo general se mezclan con otras fibras, como el algodón, para que sea más fácil trabajar con ellos. Su aspecto presenta gatas irregulares.

El algodón

Los hilos de algodón se hacen a partir de las fibras cortadas de la planta del algodón. Son también fuertes, sin elasticidad y con un acabado suave. Los hilos de algodón no tratados son más difíciles de tejer que aquellos mercerizados que reciben un tratamiento adicional al producirlos.

1   Muestra de punto a mano, con mallas desprendidas, cuerda natural e hilo hilado a mano, de Jennifer Dalby.
2   Selección de muestras de trenzas tejidas a mano de Jennifer Dalby, en las que ha usado sus propios hilos hilados a mano y cuerda natural.

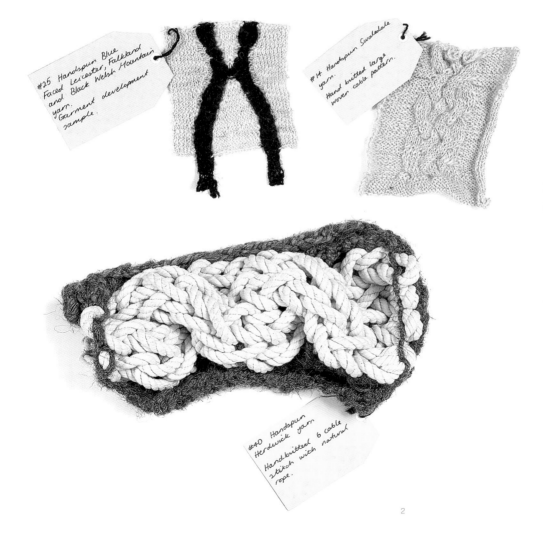

#25 Handspun Blue Faced Leicester, Falkland and Black Welsh Mountain yarn. Garment development sample.

#14 Handspun Swaledale yarn. Hand knitted large woven cable pattern.

#40 Handspun Herdwick yarn. Handknitted 6 cable stitch with natural rope.

Los hilos de fibra artificial

El desarrollo de los hilos de fibras artificiales y de sus procesos de texturi-
zado han inspirado a la industria del
punto y han sido beneficiosos en
muchos sentidos: son hilos fáciles y
económicos de producir y se pueden
mezclar con hilos de fibras naturales,
que son demasiado frágiles para
usarlos por sí solos. Sin embargo, su
producción ofrece inconvenientes
medioambientales, puesto que el
proceso entero requiere el tratamiento químico de las materias primas y el
uso de carbón y de aceites. En este
aspecto, las delimitaciones entre las
fibras naturales y las artificiales empiezan a difuminarse ya que muchas
fibras naturales, como el algodón, la
lana o el lino, se someten regular-
mente a tratamientos químicos.

Las fibras artificiales se clasifican en
dos categorías: las regeneradas y las
sintéticas. Las fibras regeneradas se
producen a partir de sustancias naturales, como la pulpa de la madera, la
celulosa o la leche. El rayón, la fibra
artificial más conocida, se caracteriza
por su brillo y es un frecuente sustitu-
to de la seda. La viscosa y el acetato
son productos de la familia del rayón
y ambas se funden a altas tempera-
turas. Las fibras sintéticas, como el
acrílico, se obtienen a partir de com-
puestos químicos basados en el
petróleo, el plástico o el carbón. Los
hilos de fibra rizada de acrílico se
emplean para los mismos usos que
los hilos de lana, pero son menos
duraderos que estos, no son tan cálidos y tienden a ceder. Los hilos de
poliamida son también sintéticos:
son muy fuertes, no son absorbentes
y se mezclan muy bien con lana. El
poliéster es similar a la poliamida,
pero tiene menos brillo.

Otros hilos artificiales son los hilos metálicos, como el Lurex, fabricados a
partir de aluminio recubierto de plástico. La producción de las fibras artificiales continúa desarrollándose y, en
la actualidad, existe un gran número
de hilos refinados y sofisticados. Hoy
en día contamos con microfibras extremadamente finas que han abierto
nuevas posibilidades en el diseño de
hilos; los hilos elásticos se usan cada
vez más en las prendas sin costuras.

1

2

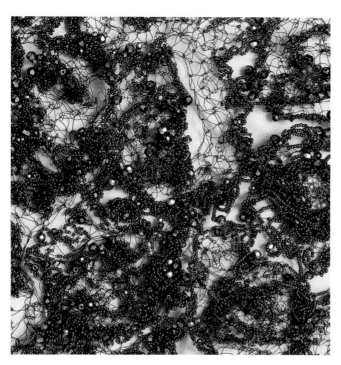

1–4 Selección de muestras de Victoria Hill, construidas con hilos artificiales inusuales, como caucho, acrílico y alambre.

3

4

Hilos innovadores

Los efectos inusuales en los hilos se consiguen jugando con el color, la textura y el termofijado. Estos efectos se pueden añadir en las etapas de preparación de la fibra, en la de hilatura o en la de torsión. Por ejemplo, un hilo con diferentes colores se obtiene al mezclar los tonos en la etapa de preparación de la fibra. Un hilo jaspeado se hace a partir de dos cabos de lana de diferente color, torcidos juntos. También se conoce como hilo retorcido o hilo *granderelle*. Un hilo *fris* tiene manchas de color a lo largo de su longitud, como las pequeñas bolas coloreadas de la lana.

Comprar hilos

Muchas empresas están especializadas en la venta de hilos para las máquinas de hacer punto. Los tejedores suelen utilizar hilos industriales en bobinas en forma de cono; los ovillos de hilo son caros normalmente y se enredan a menudo. Sin embargo, es buena idea disponer de variedad de hilos inusuales para experimentar y de pequeñas cantidades de hilos más gruesos para tejer a mano.

1 Punto en hilo de lana gruesa de Alexander McQueen, otoño/invierno 2009.

2 Diferentes tipos de hilo (de arriba abajo): fantasía; retorcido de lana; Lurex; chenilla; cinta; cinta de encaje; *bouclé*; hilo ensortijado; hilo jaspeado; hilo retorcido; hilo de *mohair*; hilo de crepé de tintura intermitente; hilo con gatas; Lurex retorcido; fantasía; hilo con gatas.

1

Reinventar el punto tradicional > **Los hilos y las fibras** > La construcción del punto

Hilos tintados

1 Muestras de Natalie Osborne, creadas usando hilos de tintura intermitente.

2 Chaqueta y mini vestido de Jessica Gaydon, y vestido (debajo) de Orla Savage. Fotografía de Jojo Ma.

Explorar diferentes efectos con la tintura puede dar un toque de distinción a nuestro trabajo y abrir nuevas posibilidades de diseño. El color base original afectará al *look* del color tintado final, por lo tanto, es conveniente utilizar hilos de tonos claros y naturales para obtener mejores resultados. Antes de tintar se ha de desenconar el hilo, enrollarlo en una madeja (se puede hacer enrollándolo en el respaldo de una silla) y atarlo de manera suelta, para evitar que se enrede. También se ha de lavar para retirarle posibles revestimientos.

Los colorantes Dylon

Disponibles en la mayoría de las ferreterías, los colorantes Dylon se presentan en una gran variedad de colores. Cada bote contiene una cantidad suficiente para tintar aproximadamente 227 g de hilo, aunque se hace variar la cantidad de colorante dependiendo de la intensidad del tono que se desea. Conviene anotar la cantidad de colorante que se ha añadido y el peso de la cantidad de hilo y guardar los datos junto con la muestra del hilo. Estos colorantes son fáciles de usar e incluyen instrucciones. Sin embargo, no tintan bien algunos hilos sintéticos.

1

Los colorantes ácidos

Son colorantes químicos fuertes y brillantes y tienen una excelente solidez de color. Se presentan en un preparado en polvos y el proceso de tintado mediante el cual se aplican es similar al de los colorantes Dylon. Para crear una gran variedad de colores tan sólo se necesitan unos cuantos colores base. Las mezclas se hacen con dos o más colores o bien a partir de uno solo, variando la cantidad de colorante. Como se ha indicado, en los experimentos con estas mezclas es importante anotar las cantidades usadas en cada combinación y archivarlas junto con una muestra del hilo antes y después del tintado; por ejemplo: para 30 g de lana, 40 ml de colorante rojo, más 60 ml de colorante azul. Esta información servirá como un punto de partida útil para nuevas variaciones de tono.

Los colorantes vegetales

Los colorantes vegetales producen bonitas tonalidades, pero tienden a no ser muy intensos y también suelen desteñir con los lavados. Por el contrario, son una manera económica de tintar. Los colorantes obtenidos a partir de la recolección de materia vegetal han inspirado muchas colecciones de estilo *vintage* y pueden proporcionar interesantes proyectos de color. Sin embargo, supone todo un reto intentar duplicar un color de manera exacta.

La tintura intermitente

Los hilos de tintura intermitente se consiguen a partir de una variedad de colores por cabos. Esta técnica de tintura por partes implica tintar las madejas de manera independiente. Tejer estos hilos a rayas o con motivos crea inusuales efectos de arco iris. Los motivos multicolores Fair Isle se pueden crear sin tener que cambiar los hilos.

2

La construcción del punto

La estructura básica del punto consiste en una serie de bucles creados mediante una de las dos técnicas que existen: el punto por trama y el punto por urdimbre. El punto por trama, la más común de
las dos técnicas, consiste en la formación de bucles usando un hilo
continuo sobre sucesivas pasadas a lo largo del tejido. Las columnas son perpendiculares a las pasadas (ver imagen 3). El punto por
urdimbre requiere máquinas diferentes e implica lotes de hilos diferentes, un hilo por columna. Estos tejidos no son tan elásticos y son
menos propensos a deshacerse que los tejidos de punto por trama.

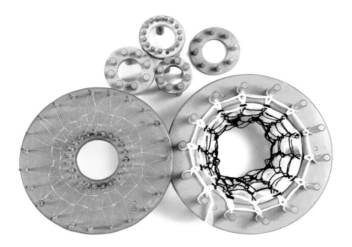

1

2

La formación de la malla

Las agujas de una máquina de hacer punto tienen dos partes: una formada por la lengüeta y el gancho y otra por el talón (véase imagen 4). La malla se contiene en el gancho, cuando el gancho se desliza hacia delante, la malla existente se mueve hasta situarse detrás de la lengüeta. El hilo pasa, entonces, por encima del gancho y, como la aguja se mueve hacia atrás, la lengüeta se cierra. Cuando la malla existente se desliza sobre la lengüeta se forma una nueva malla (véase imagen 5).

columna   3

pasada

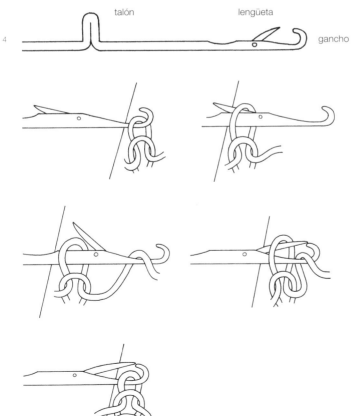

talón   lengüeta

gancho

4

5

1   La sencilla rueda para tejer lana ha proporcionado a los niños un bastidor de punto básico y una introducción al mundo del punto. Conocida como tricotín, la técnica implica envolver una estrecha cuerda alrededor de los clavos para crear una fila. Después, se pasa el hilo por detrás de los clavos para formar dos filas. Cuando se alza la primera fila por encima de la segunda se forma una malla y se deja una fila en los clavos. El punto comienza a formar un tubo por el centro del carrete.

2   Una máquina de punto con un tejido en proceso.

3   El esquema ilustra la estructura del punto: muestra la pasada (la fila) y la columna (la malla).

4   Partes de una aguja para máquinas de punto: lengüeta, gancho y talón.

5   Serie de esquemas que muestran cómo se forma una malla en la máquina de hacer punto.

Los hilos y las fibras > La construcción del punto > Desarrollos en diseño y tecnología

Características básicas de las máquinas

1   Para los principiantes es recomendable una máquina como ésta, de una sola fontura y de una galga estándar.

2   Carro estándar para la máquina de hacer punto Knitmaster. Se necesita un carro diferente para la doble fontura, que se proporciona con la placa de suplemento. Existen también numerosos carros especiales que permiten crear calados e intarsias.

Hay dos grupos de máquinas de hacer punto: las de una fontura, con un único conjunto de agujas y las de doble fontura, con dos conjuntos de agujas opuestas. La mayoría de los principiantes empiezan con una máquina de una fontura de una galga estándar, que produce tejidos básicos de punto liso. Es más indicado empezar con una máquina de una fontura porque es más sencillo comprender las posiciones de la aguja y, como el punto es claramente visible, no es costoso enmendar los errores. Las máquinas de una fontura también se utilizan para hacer falsos canalés, pero estos no son tan profesionales como un canalé hecho en una máquina de doble fontura. La mayoría de las máquinas domésticas llevan fichas perforadas para facilitar la construcción de motivos. Una vez que se está habituado a la máquina de una fontura, se puede acoplar una placa de suplemento para convertirla en una máquina de doble fontura.

Tener dos fonturas ofrece más flexibilidad. Se pueden hacer tejidos a dos fonturas, como canalés, y existe un enorme número de variaciones de malla. La mayoría de los fabricantes provee las placas de suplemento como accesorio de sus diferentes modelos.

La tensión del hilo

El hilo que alimenta las agujas se controla mecánicamente por medio de un mástil, un muelle de tensión y un disco de tensión. Debido a ello, la cantidad de tejido se hace más regular.

La fontura de la máquina

La fontura contiene las agujas de la máquina. Son agujas de lengüeta y gancho que permiten que la máquina levante rápidamente las nuevas mallas creadas y suelte las ya hechas.

1

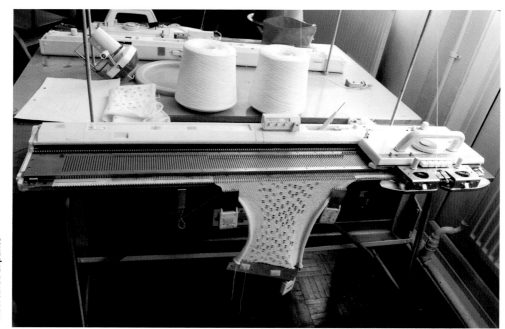

El carro

El carro se mueve a través de la fontura y esto hace que las agujas se desplacen hacia delante para tejer. En la parte superior del carro hay unas palancas que controlan las levas y que se usan para seleccionar la posición de las agujas. Esto posibilita crear diferentes mallas, como las mallas cargadas o las mallas retenidas. El tamaño de las mallas se puede determinar ajustando la tensión del hilo en combinación con el regulador de tamaño de malla del carro.

El tamaño de la aguja y la galga de la malla

La galga de la malla se refiere al número de agujas por pulgada que hay en la fontura. Dependiendo de la galga de la máquina, será posible utilizar diferentes grosores de hilo. Las máquinas de galga fina (GG7) albergan 250 agujas y son idóneas para tejer con hilos de peso medio y ligero. Las máquinas de galga media (GG5) tienen 200 agujas y son recomendables para hilos de peso medio. Las máquinas de galga gruesa (GG3) comprenden 100 agujas y pueden tejer hilos gruesos y voluminosos. Es posible experimentar con diferentes grosores de hilo en cada una de estas galgas cada dos agujas (media galga de la máquina).

2

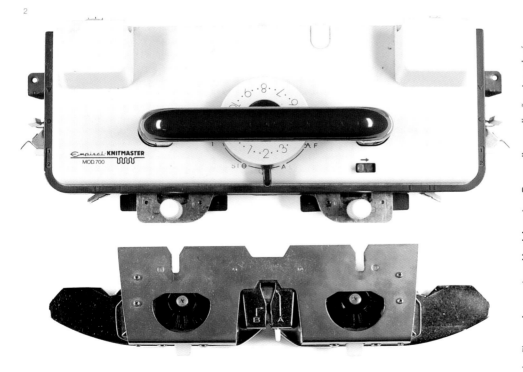

Tipos de máquinas

A continuación se presenta una visión general de los tres tipos principales de máquinas. Las máquinas domésticas de segunda mano son ideales para los estudiantes y se consiguen fácilmente, tanto a través de distribuidores como a través de páginas web de subastas. La mayoría de los modelos son fiables y de precio similar, excepto las máquinas de galga fina, que están más solicitadas y suelen ser más caras.

Las máquinas electrónicas

Las máquinas electrónicas tienen un sistema de programa incorporado. Algunas máquinas utilizan fichas Mylar para crear motivos que se pueden repetir, invertir, tejer al revés, reflejar su imagen o doblar en largo y ancho. Cuando se va a comprar una máquina electrónica es aconsejable elegir un modelo que sea compatible con un programa de diseño asistido por ordenador para prendas de punto, como DesignaKnit.

1

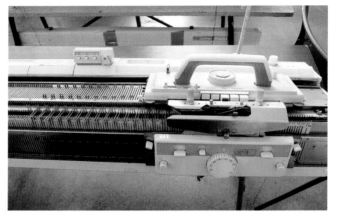

2

Máquinas industriales accionadas manualmente

Las máquinas industriales que se controlan de manera manual son increíblemente versátiles. Estas máquinas disponen de dos fonturas fijas y se conocen como máquinas de fonturas inclinadas (en una vista lateral, parecen una V invertida). Las fonturas están posicionadas con el mismo ángulo, lo que permite que el tejido tenga un peso equilibrado. Están disponibles en una gran variedad de galgas, por lo que ofrecen la oportunidad de experimentar con puntos muy finos de galgas 10 y 12. Se puede variar la tensión para las diferentes partes de una prenda, como los ribetes de canalé, las mallas de punto inglés o las de punto liso.

Máquinas industriales electrónicas

Hoy en día, las máquinas automáticas programadas electrónicamente son muy sofisticadas. Algunas tienen cuatro fonturas, por lo que ofrecen enormes posibilidades de forma. Se pueden utilizar con diferentes pesos de hilo y sin necesidad de cambiar el tamaño de las agujas. Los últimos modelos de estas máquinas producen prendas acabadas sin costuras y con un único hilo para coserlas al final, por lo que evitan los costes del acabado a mano. El cuerpo y las mangas se cosen al mismo tiempo, con forma tubular. Los canalés, los puños y los dobladillos se tejen al principio y los escotes, al final. Después de años de investigación y desarrollo para perfeccionarlas, las máquinas de

prenda acabada y los sistemas de programación siguen siendo muy caros y los operarios requieren una alta cualificación para manejarlas. Los dos principales modelos que ofrecen el sistema de prenda acabada son el Shima Seiki, de Japón, y el Stoll, de Alemania, si bien China avanza rápidamente en el desarrollo de su propia industria de maquinaria.

3

4

1 Máquina de punto Brother de doble fontura y con fichas perforadas.
2 Máquina electrónica Brother.
3 Máquina industrial Dubied, operada manualmente.
4 Máquina industrial electrónica Stoll.

Los hilos y las fibras > La construcción del punto > Desarrollos en diseño y tecnología

Herramientas

La mayoría de las máquinas vienen con una serie de herramientas básicas que son compatibles con la galga de la máquina. Las herramientas se pueden usar en todos los modelos de máquinas que tienen la misma galga.

Las herramientas más útiles son aquellas usadas para seleccionar, mover, anular y reparar las mallas. Usar las herramientas adecuadas para maniobras como crear un calado y otros motivos manuales, aumentar o menguar mallas y realizar acabados, no sólo ahorrará tiempo, sino que también hará la tarea más fácil.

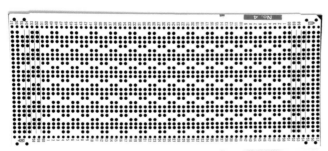

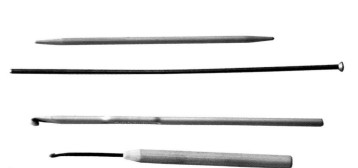

6

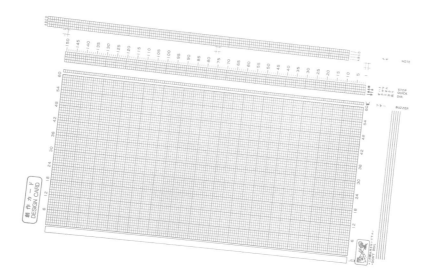

1   Fichas perforadas y clips de plástico para realizar motivos. Existen en el mercado motivos previamente perforados, que se pueden usar con otras configuraciones de malla, como calados, mallas cargadas y mallas retenidas.

2   Aguja de máquina con lengüeta, gancho y talón. Existen más agujas para máquinas de galgas finas que para máquinas de galgas gruesas.

3   Herramienta de lengüeta usada para acabar mallas y recoger mallas caídas.

4   Herramienta para transferir mallas de una aguja a otra. Existen herramientas de dos y tres dientes para manejar dos grupos de mallas simultáneamente, como en el caso de las trenzas. Las herramientas de dientes ajustables permiten configurar algunos dientes en posición de fuera de trabajo; pueden tener hasta 15 dientes.

5   Las herramientas reparadoras son útiles para recoger las mallas caídas. Se presentan en gran variedad de modelos y suelen parecer ganchos de croché; algunas tienen extremos dobles para recoger (puntiagudo) y para transferir (ojete).

6   Perforadora para hacer fichas perforadas.

7   Pulsador de agujas de plástico. Dependiendo del ajuste de sus dientes, esta herramienta permite seleccionar un determinado número de agujas a la vez para acelerar la selección de agujas; por ejemplo, se puede pulsar o tirar cada segunda, tercera o cuarta aguja.

8   Ficha Mylar para realizar motivos de punto en máquinas electrónicas. No son necesarios agujeros perforados, puesto que el motivo se dibuja en la ficha con un lápiz suave que refleja la luz.

7

8

Los hilos y las fibras > **La construcción del punto** > Desarrollos en diseño y tecnología

9 Los enconadores manuales son útiles para ovillar hilo en conos o en madejas. Existen variaciones que se usan para torcer hilos juntos.

10 Los peines para placas de suplemento y los pesos, provistos con la placa, se utilizan para realizar la formación de las mallas. Los pesos pueden incorporarse al peine si es necesario.

11 Los peines de ganchos abiertos se usan para realizar la formación de malla del punto liso y como peso adicional en piezas grandes de tejido.

12 Los colgadores de alambre para los bordes del tejido se utilizan para aplicar una carga en pequeños grupos de mallas en tejidos de doble fontura, y evitar así bucles no deseados al final de las filas.

13 Los pesos de pinza ayudan a que las mallas se mantengan firmes en las agujas. Se pueden mover fácilmente a medida que se va formando el tejido. Existe variedad de formas y tamaños, y algunos tienen agujeros de los que se puede colgar peso adicional.

14 La cuerda de nailon es útil para realizar la formación de malla cuando se requiere un borde sin terminar.

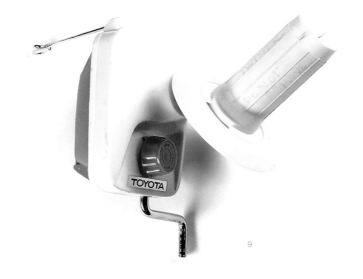

9

10

11

15 Los pesos de las máquinas industriales se cuelgan de los extremos del peine. Los aquí mostrados son circulares y se pueden apilar unos sobre otros. La cantidad de peso depende sobre todo del ancho del tejido: para los materiales delicados y finos se usa menos peso.

Sin fotografía:
Existen herramientas en forma de barra que sirven para dar la vuelta a las mallas del tejido y producir así el punto bobo. También se pueden hacer cadenas de punto invertido.

Agujas guardamallas. Algunas técnicas a mano requieren sacar temporalmente las mallas de las agujas, mientras las demás continúan trabajando. Estas mallas se alojan en agujas guardamallas que pueden contener múltiples mallas que luego se

pueden volver a emplazar cómodamente. Las flexibles agujas circulares de punto a mano así como los imperdibles de seguridad también pueden hacer las veces de agujas guardamallas.

Las remalladoras para realizar costuras, aplicar ribetes, volantes y cuellos se pueden usar también para crear acabados pulidos. Están disponibles en modelos manuales o con motor y también como accesorio para máquinas.

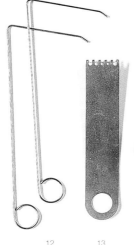
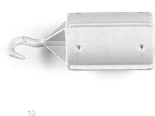

10   13   14

12   13

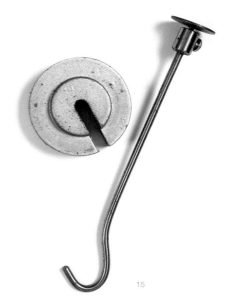

15

Desarrollos en diseño y tecnología

1   Issey Miyake fue la inspiración para el desarrollo de estos tejidos de punto de Amy Dyer.

2   Algunas de las últimas tecnologías en prendas e hilos de punto se muestran en Pitti Filati. Esta feria comercial es el evento internacional más importante de la industria del punto.

Las máquinas de hacer punto han tenido una larga trayectoria desde el bastidor de William Lee, de 1589. Los sistemas aerodinámicos de hoy y los tejidos han avanzado en cuanto a diseño y calidad como resultado de la evolución de las tecnologías en ordenadores y de la producción de hilo.

Como hemos aprendido, las prendas sin costuras tejidas a mano datan de la época medieval y los jerséis gansey de los pescadores eran, técnicamente, prendas sin costuras. Sin embargo, fue la introducción de la máquina Shima Seiki, en la década de los setenta, la que aportó a la industria el concepto de prendas (enteras) sin costuras. Hacia la década de los ochenta, Shima Seiki había equipado sus máquinas con ordenadores.

Otro desarrollo importante en la producción de prendas de punto fue el concepto A-poc del diseñador Issey Miyake, en la década de los noventa. El concepto A-poc (que, en las siglas de su nombre en inglés, *a piece of cloth*, significa "una pieza de ropa") consiste en un

1

tejido de punto por urdimbre con diferente tecnología al punto por trama y es el concepto de prenda entera de Shima Seiki. El A-poc consiste en un rollo de tejido tubular que incluye la silueta de las formas de la prenda. Las líneas de corte vienen dadas en el tejido de punto y el consumidor puede cortarlas y obtener así una colección de prendas de la misma pieza de tejido. Este revolucionario método de indumentaria no requiere costuras o procesos finales, y dada la estructura de construcción del punto por urdimbre, los bordes cortados no se deshilachan.

Existen muchos contrastes dentro del diseño de prendas de punto y de su producción y, aunque tanto el diseño como los desarrollos están conectados con los avances tecnológicos, las prendas de moda de lujo siempre se han asociado a la artesanía. Los nuevos diseños innovadores se han fusionado con las técnicas tradicionales. En respuesta al éxito de la producción en serie ha habido un aumento del aprecio por el concepto *slow clothes*: prendas únicas, atractivas y más personales para el usuario.

2

"El desarrollo del diseño te hace cometer errores, pero sin meter la pata de vez en cuando no se puede avanzar."

Alexander McQueen

1   Prendas de punto de Cooperative
Designs, otoño/invierno 2009.
Formada por las diseñadoras Annalisa
Dunn y Dorothee Hagemann,
Cooperative Designs es una firma
de prendas de punto con un enfoque
vanguardista.

Como estudiante de diseño de prendas de punto, se espera que trabajes de manera independiente en el conjunto de *briefs* que el proyecto requiera. Debes desarrollar ideas de concepto a través de la investigación personal, la exploración de tus habilidades técnicas y el desarrollo del diseño. Para la evaluación, será necesaria la elaboración de un buen grueso de trabajos y una serie de resultados de diseño. El *brief* traza los objetivos y los resultados del aprendizaje del proyecto. Detalla el trabajo necesario y explica el método de evaluación y sus criterios. Los proyectos han de completarse en un tiempo determinado y estas fechas límite son importantes para la evaluación.

A menudo se encarga a los estudiantes la investigación de proyectos durante las vacaciones de verano, lo que les permite investigar diferentes fuentes y recopilar una buena variedad de inspiraciones para su desarrollo en el nuevo curso. A veces los proyectos están relacionados con la idea de orientar la investigación en diferentes direcciones y conseguir así distintos resultados, como tejidos para moda o para interiorismo.

Este capítulo traza las guías a través del proceso de diseño, desde el *brief* de un proyecto de prendas de punto hasta la búsqueda y el análisis de habilidades y el desarrollo de diseño. Es necesario conocer el mercado y poseer habilidades técnicas y de buena presentación para llevar a cabo la realización del diseño.

Acercarse al punto > **El desarrollo creativo** > La construcción a través del patrón y de la textura

El *brief*

En la escuela o en la universidad se ha de responder a *briefs* descritos y confeccionados por los tutores. En el último curso, sin embargo, se estará trabajando de cara al proyecto final de carrera de forma que cada alumno configure su propio *brief*. En la industria, las empresas determinan, en ocasiones, unos *briefs* competitivos que representan una visión valorativa del mundo comercial. Los objetivos de estos proyectos son específicos para cada empresa y para cada mercado, y en ellos los registros de costes y precios de los diseños son un factor adicional importante. Aquellos estudiantes que respondan con éxito a estos *briefs* podrán ganar patrocinios, premios y becas.

Atendamos al siguiente ejercicio, basado en un *brief* dado a los estudiantes de un curso del Northbrook College del Reino Unido.

Taller de diseño: diseño de textura

Elegir uno de los siguientes temas para producir una colección de seis a ocho muestras.
Las muestras habrán de ser de 30 × 40 cm aproximadamente. Orientar los diseños hacia la moda o el diseño interior, con indicación del uso final de los mismos y acompañarlos con muestras de forma e ilustraciones de diseño. La colección final habrá de estar respaldada por un *sketchbook* que contenga dibujos, desarrollos de textura, recortes de revistas y pruebas de desarrollo de tejidos a máquina.
Se exigen dos paneles de tendencias de 30 × 58 cm, aproximadamente, en los que se explique la tendencia de color y el tema. Se tendrá que llevar a cabo también un estudio comparativo de las tendencias actuales para prendas de punto. Esto implicará un *brief* que conste de un análisis escrito (250 palabras) sobre las nuevas tendencias para tejidos de punto de una cadena de tiendas, unos grandes almacenes y un comercio al por menor.

Temas

Textura
Prestar atención, a los bordes; a los extremos de las superficies; al pelo y a la suavidad, a lo brillante y a lo mate; a los hilos con textura, como los de *mohair*, los *bouclés*, los de rayón y los de lana de cordero; mirar al entorno para buscar inspiración.

Adornos
Incluir bordados, sartas de cuentas, lentejuelas, flores, encajes, motivos geométricos, aplicaciones, sobreimpresiones y laminados. Acudir a las piezas *vintage* para buscar inspiración.

Propiedades de la raya
Variación de escala, repetición, diseños técnicos, diagonales, destellos de luz, fornituras y rayas múltiples.
Examinar los tejidos de camisería, las cintas espiga.
Buscar inspiración en los entornos urbanos.

Objetivos del proyecto

Familiarizar al estudiante con las máquinas
de hacer punto.
Fomentar la experimentación mediante el uso
de una amplia gama de técnicas y de procesos.
Producir ideas de diseño imaginativas
y estimulantes.
Elaborar procesos y cuestiones asociadas con
el desarrollo de diseño.
Realizar una serie profesional de muestras
de moda.
Demostrar el conocimiento del mercado.
Investigar minuciosamente un tema propuesto.
Propiciar el desarrollo de la presentación
del proyecto creativo.
Desarrollar el concepto de autoevaluación.

Resultados de aprendizaje y trabajo requerido

Los resultados de aprendizaje permiten
al estudiante demostrar un desarrollo en
el conocimiento técnico y las habilidades con
relación a los tejidos de punto, y la destreza para
realizar búsquedas por iniciativa propia. Los
criterios utilizados para evaluar el trabajo incluyen
el análisis de la investigación, el desarrollo creativo,
las habilidades técnicas, el conocimiento del
mercado, la realización del diseño, la autogestión,
la presentación y la evaluación. El trabajo necesario
para la evaluación incluye lo siguiente:
Un *sketchbook* con desarrollos de textura,
búsqueda imaginativa en la exploración
de diversos procesos y desarrollo de color.
Entre 6 y 8 muestras.
Dibujos de moda o planos de interior
de una habitación.
Dos paneles de tendencias explicando el color,
la tendencia y el tema.
Análisis en 250 palabras de la investigación
del mercado.
Autoevaluación.
Archivo técnico actualizado.

El *brief* > La investigación

La investigación

Los diseñadores buscan y recopilan constantemente nuevas ideas y fuentes de inspiración. Los buenos diseñadores necesitan tener una mente inquieta para producir sin pausa ideas frescas y contemporáneas. Un *sketchbook* es, en muchos sentidos, un diario visual. Aporta una visión única del viaje creativo y personal del diseñador. Los diseñadores desarrollan una identidad a través de la manera en que recopilan y procesan la investigación. Ésta es una habilidad que debe convertirse en una segunda naturaleza con el paso del tiempo. Muchos puntos de partida interesantes para el diseño se pueden encontrar mediante una investigación actual y un enfoque individual del concepto o el tema. Cada nuevo conocimiento alimenta la imaginación y da lugar a su vez a nuevas preguntas y caminos a seguir.

Las bibliotecas especializadas son excelentes puntos de partida. Las escuelas y las universidades tienen bibliotecas que ofrecen cursos textiles y de moda, y gran variedad de libros sobre la historia del vestido, las técnicas artesanales y sobre moda y textil en general. Pero, además de ojear libros, se pueden consultar también revistas actuales y *vintage* y periódicos. Internet es también otra fuente importante para la investigación y la búsqueda de imágenes. Para gestionar su inspiración y su búsqueda de ideas algunos diseñadores se sirven de una pared en la que trazan caminos visuales a través de conexiones interesantes y yuxtaponen imágenes, muestras de tejido y esbozos. Otros diseñadores confeccionan cuadernos de investigación y *sketchbooks* que reflejan el proceso creativo que hay detrás del proyecto, de principio a fin. Se elija trabajar de una manera u otra, los ingredientes son los mismos: toda investigación ha de incluir siluetas, colores, texturas, motivos, tejidos, fornituras e hilos, así como arte contemporáneo, fotografías, esbozos y notas. La investigación se hace más personal cuando, de alguna manera, se manipula: trabajar una imagen con *collage*, rotulador o tinta puede hacer que la inspiración sea única.

Fuentes primarias

Dibujar a partir de fuentes primarias ayudará a entender los detalles de forma y de figura. Es importante que se busquen fuentes originales a partir de las cuales dibujar para dar a la imagen una impronta personal. Dibujar es una herramienta valiosa. No sólo permite comunicar ideas a los demás, sino también registrar las preferencias personales. Otras opciones son examinar los elementos más pequeños y agrandar o repetir partes de la imagen. Dibujar ayuda a expresar y documentar el proceso de desarrollo. Es importante tomar fotografías, hacer esbozos y resaltar elementos a través del uso de la pintura, el lápiz, la tinta o el *collage*.

Investigación de mercado

Una investigación de mercado conlleva recopilar un conjunto de información visual sobre tendencias que se utilizará para informar e inspirar el trabajo, al mismo tiempo que refleja la temporada y el *target* de mercado. Hay que saber quién es el usuario de los diseños, dónde se pueden encontrar, qué cantidad abarca y si el mercado posee o no potencial de crecimiento. Se debe investigar el rango de precios que el consumidor está dispuesto a pagar por un producto, si tiene preferencia por una marca en concreto, y, en este segundo caso, saber cuál y por qué. Es importante considerar también el mobiliario y los complementos.

Taller de diseño

Elaborar un análisis escrito de las nuevas tendencias para tejidos de punto. Realizar una visita a distribuidores de diferentes tipologías, como una cadena de tiendas, unos grandes almacenes y un comercio al por menor, con las siguientes consideraciones:

1   Sobre la disposición de la tienda, ¿cuál es la sensación general?
2   ¿Hay una tendencia de color dominante?
3   ¿Cuál es la calidad del punto?
4   ¿Hay una tendencia dominante en cuanto a los adornos?
5   ¿Tienen los productos una buena relación calidad-precio? ¿Cuál es el nivel de precios?

Los conceptos y los temas

Un diseñador normalmente se centrará en un concepto o tema en particular para hacer posible el proceso de diseño y dar un enfoque al proyecto. Un tema narrativo es la base de muchas colecciones cuando transmite una tendencia y cuenta una historia. A menudo, el diseñador utiliza un tema de interés personal para estimular la generación de ideas y dar mayor impacto visual a la colección final.

Un concepto o tema ayuda a mantener el trabajo coordinado al aportarle continuidad y coherencia. Un buen ejemplo de un tema fuertemente narrativo es la colección otoño/invierno 2001, Qué tiovivo (*What a Merry-Go-Round*), de Alexander McQueen. El espectáculo da comienzo a oscuras para enfatizar la iluminación circular de un tiovivo de grandes dimensiones. La colección es una mezcla de trajes y abrigos de inspiración militar con fajines y galones, sombreros altos con plumas, tocados de *showgirls* combinados con cascos y pesados jerséis negros de punto con imágenes de esqueletos. La escalofriante música aporta suspense y, a medida que cambia, el tiovivo empieza a girar lentamente. Esta colección fue dedicada a la gente del cambio y de la revolución.

Otra manera de procesar el trabajo es a través del uso de un concepto abstracto, como la connotación de una simple palabra. Palabras como "capullo", "envolver" o "capa" se pueden usar para sostener todo un proyecto y activar puntos de partida interesantes que desarrollar. La diseñadora Shelley Fox es conocida por sus conceptos abstractos y porque sus colecciones hacen reflexionar. Para la colección otoño/invierno 2001, utilizó sus propios diarios como fuente de inspiración. Se tomaron diversos textos de los diarios de trabajo de la propia Shelley Fox. Algunas páginas se seleccionaron en razón de su composición y se montaron para hacer un estampado. La colección fue una mezcla de sudaderas de noche, *cashmeres*, estampados gráficos a partir de garabatos de los diarios y trenzas de punto de gran tamaño.

La paleta de color comprendía colores naturales con toques de verde menta, rojos brillantes, amarillos pálidos y negro. Para su colección otoño/invierno 1998 utilizó el concepto del Braille para desarrollar sus marcas en la propia lana (punto enfieltrado). Este tejido se transformó después en formas geométricas tridimensionales que se esbozaban en el cuerpo.

1 Top Braille de lana gris enfieltrada de Shelley Fox, otoño/invierno 1998.

2 Prenda de punto de la colección otoño/invierno 2001 Qué tiovivo de Alexander McQueen.

3 Falda con estampado inspirado en el diario de Shelly Fox, otoño/invierno 2001.

1

Un proyecto de trabajo también se puede desarrollar a partir de la combinación de imágenes que no estén relacionadas o por contraste de ideas, como natural/artificial, urbano/campestre. La calidad del resultado final estará determinada por la amplitud, la calidad y la individualidad de la investigación inicial. Las casas de alta costura, los museos, las exposiciones, los mercados y las ferias, las tiendas benéficas de prendas de segunda mano o unas vacaciones en el extranjero pueden ser grandes fuentes de inspiración. Se ha de ser capaz de explorar intensamente el concepto para crear una colección experimental e innovadora de muestras tejidas, la cual, a su vez, inspire ideas para una colección final de moda.

2

3

El desarrollo del diseño

1–2 Paneles de presentación de Amy
Dyer que muestran el desarrollo
del diseño y cómo las fuentes
de inspiración han sido traspasadas
a un motivo de diseño y a muestras
tejidas.

Los dibujos de investigación serán desarrollados en ideas de diseño para motivos y texturas. Estas ideas inspirarán después los tejidos de punto y las colecciones de moda. Disponer en conjunto los paneles de tendencias de elementos seleccionados de la investigación es útil para organizar los pensamientos y recopilar las ideas. Los paneles de tendencias son una herramienta esencial en la industria para vender proyectos y recibir encargos. Un panel de tendencias es una manera de presentar un proyecto de manera visual. Debe mostrar al cliente el tema y el color, así como transmitir el *feeling* del proyecto, sin necesidad de que el diseñador esté presente para detallarlo y debe ser visualmente atractivo. Se ha de ser muy selectivo con las imágenes que se escogen para el panel; cada fotografía, imagen y tejido han de ser perfectos. Si no lo son, se debe hacer que lo sean. Hay que intentar incluir piezas originales. Si se usan imágenes ajenas, como fotografías de personas y recortes de revistas, hay que manipularlos cambiando el color, pintando encima, poniéndoles capas y, en suma, deformándolas. Como norma general menos es más, por lo tanto, hay que intentar mantener un orden. No existen reglas compositivas para un panel de tendencias, pero lucen más con un borde liso.

Se puede empezar por explorar diversas posibilidades creativas mediante el traslado de las imágenes seleccionadas a muestras de tejido. Por ejemplo, un trozo de tejido de plana puede ser la inspiración para un motivo un mantel de plástico puede inspirar un calado. Es conveniente hacer el proyecto lo más personal posible. Con miras a esto, la investigación servirá para construir y experimentar con diversas técnicas. Junto con los estilos de dibujo tradicional y los experimentales, se puede considerar manipular papel y tejido recopilar y crear diferentes texturas a través de pespuntes a máquina, a través del corte, de la aplicación de capas y del plisado. Es aconsejable trabajar tanto en dos como en tres dimensiones para producir diferentes resultados de diseño. Hay que tener en cuenta la silueta e intentar jugar con la escala: por ejemplo, un tapete plegado podría inspirar la forma de una manga. Conviene revisar y evaluar el trabajo de investigación, extraer de él los resultados con más proyección y desarrollarlos en una serie de muestras tejidas.

1

2

Las muestras tejidas

El siguiente paso es empezar con las muestras tejidas: para centrar la investigación en la creación de un tejido, se utiliza una combinación de hilos de color y de textura con una construcción de punto. Utiliza los paneles de tendencia y tu investigación para elaborar texturas, motivos y siluetas. Un trozo de papel puede hacer las veces de plantilla para una ficha perforada de motivo. El experimento con un trozo de tejido pespunteado puede derivar en un tejido de punto a listas. El dibujo de un respiradero del metro puede convertirse en el comienzo de un tejido calado transferido o de un motivo por partes. Para crear una serie de muestras interesantes, es necesario hacerse con un buen conjunto de hilos de diferentes colores, texturas y grosores. Tus experimentos de tejido pueden incluir una construcción de malla o motivo concretos o diferentes hilos y tensiones. Es interesante mezclar hilos, a rayas o en bloques de color o bien contrastar texturas, como usar un hilo grueso junto a uno fino, uno translúcido junto a uno mate, brillante o ambos. No se trata sólo de tejer diferentes coloridos, dedica tiempo a la creación de muestras, tanto a la generación de ideas como a su clasificación. Cuando se sabe bien qué hilos funcionan con qué técnicas es el momento de empezar a explorar combinaciones de construcción de malla. Las combinaciones posibles incluyen calados con punto por partes o mallas cargadas con un tramado o una raya por partes. La tensión de la máquina deberá cambiarse al utilizar diferentes hilos y esto requiere mucha práctica y paciencia, sobre todo al principio.

Cuando se hayan explorado todas las opciones, deberemos decidir qué ideas se desarrollarán hasta el final. Dado que ya se tiene una selección de muestras, puede ocurrir que unas cuantas de ellas ya funcionen en conjunto como una colección y puedan servir como ideas de prenda.

Cualquier desarrollo de primeras muestras que se use en la colección final se ha de incluir en el cuaderno de investigación. Aunque las prendas de punto son versátiles, es recomendable tener en cuenta la calidad de los tejidos al diseñar la colección de moda. Los tejidos suaves y con caída, por ejemplo, son idóneos para vestidos; los tejidos gruesos y pesados se pueden usar para chaquetas. Por encima de todo, los tejidos y los diseños han de captar el *feeling* del proyecto. La colección ha de reflejar al cliente, el mercado y estar acorde con la temporada a la que va destinada.

1

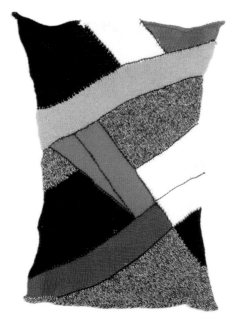

Taller de diseño

Las muestras de tejido habrán de ser de 50 mallas de ancho y 10 cm de largo, aproximadamente. Se ha de tener en cuenta lo siguiente:

1 Elegir una construcción de malla, como la malla cargada, el tramado, Fair Isle, un calado o el punto por partes.
2 Ajustar la tensión.
3 Utilizar diferentes colores. Probar texturas distintas.
4 Combinar construcciones de malla.

Confecciona un archivo técnico que contenga notas de las diferentes tensiones, hilos y técnicas. Las primeras muestras deben incluirse en el archivo técnico a modo de referencia.

1–3 Selección de muestras tejidas de Sarah Nicholls (1) y de Ruth Carpenter (2 y 3). Estos ejemplos muestran claramente cómo las diseñadoras han utilizado sus investigaciones para desarrollar texturas y motivos.

2

3

El color

1–4 Páginas de los *sketchbooks* de Lucy Faulke (1 y 2) y de Ruth Carpenter (3 y 4) que muestran el desarrollo de combinaciones de color utilizando muestras de hilo y pintura.

Al comienzo de un proyecto ha de establecerse un colorido y crear un panel de tendencias de color. Para permitir algunos ajustes es conveniente trabajar con un panel provisional al principio y con un panel terminado hacia el final del proyecto. El color es una herramienta esencial para todo profesional que trabaje en la industria de la moda. Es necesario desarrollar un buen sentido del color y estar al día en las tendencias de color.

La realización de muestras es una buena manera de desarrollar el color. Ofrece la oportunidad de aprender sobre el color en cuanto a proporción y de comprender cómo reaccionan los colores cuando se coordinan con otros. Es interesante hacer combinaciones de color para rayas enrollando hilos de diferente color en un trozo estrecho de cartón. Esto permite contemplar de un vistazo el *look* final y también puede ayudar a decidir el ancho de la raya y el número de colores que han de repetirse en un motivo. Efectos similares se consiguen con trozos de papel de diferentes anchos, pintados o pespunteados y colocados unos al lado de otros.

La percepción en el uso del color y de los motivos variará según la persona, pero la mayoría de las personas coinciden en que ciertos colores comparten asociaciones. Tendemos a asociar algunos colores con un estilo urbano y otros, con un ambiente rural. Pensamos que algunos colores son cálidos mientras que otros son fríos. Estas suposiciones afectarán a nuestra respuesta a la hora de trabajar. El hecho de que un color guste o no puede determinar el éxito de un diseño. Muchas prendas de punto históricas resultan atractivas por las complicadas técnicas a mano con las que se hicieron, si bien el color no es menos importante. Los colores del punto Fair Isle, por ejemplo, han de tener una combinación visual atractiva. Hay muchas maneras de combinar el color. Hay quien prefiere colores acogedores, como los tonos apagados de negro a gris o los tonos de marrón a beis. O se pueden preferir colores fuertes y vivos para enfatizar un contraste chillón en un motivo. A veces merece la pena poner a prueba nuestras preferencias. Es aconsejable también alejarse de ellas y, así, elegir para trabajar una gama de color con la que no nos identifiquemos.

1

2

3

4

1–2 La información sobre las tendencias de color se muestra en las ferias comerciales, como Pitti Filati (1) y Première Vision (2).

1

2

La predicción de las tendencias de color

Existen muchas empresas de predicción de tendencias de color que intuyen los colores de cada temporada para los diferentes sectores de la industria de la moda, como la lencería, la piel, los zapatos, los complementos, etc. Los diseñadores y los compradores de producto son también responsables de la elección del color. Las empresas más grandes disponen de equipos de personas que producen los paneles de predicción de tendencias de color. El proceso de la predicción de estas tendencias implica agrupar los colores y dividirlos en temas clasificados, con el color y la tendencia descritos de cara a la promoción. Los productores de fibra e hilos compran esta información para utilizarla en la confección de sus cartas de color, puesto que les sirve como referencia. Los productores de tejidos eligen sus colores a partir tanto de las empresas de predicción de tendencias como de estas cartas confeccionadas con fibras e hilos. La información suele estar disponible en las ferias comerciales, como Pitti Filati, en Florencia y Première Vision, en París.

Aunque el consumidor reciba la influencia de las tendencias de color anunciadas en las revistas, al final, las predicciones de color son sólo efectivas si el consumidor compra finalmente el producto.

Realizar combinaciones de color inusuales, basadas en el arte, en tejidos, en muestras de papel pintado y en papel para envolver regalos. Trabajar con estas combinaciones y decidir y explicar si las combinaciones funcionan o no.

Experimentar con parejas de contraste, ya sean suaves o fuertes. Crear combinaciones usando tres, cuatro, cinco y hasta seis colores.

Hacer combinaciones de tonos similares. Por ejemplo, con varios tonos de un mismo color a los que se añada una fila de contraste.

Experimentar con patrones en colores neutros, como blancos, blancos rotos, beis y grises.

Producir un concepto de color. Por ejemplo, se puede crear una combinación de color con rosa palo, oro y marfil para una paleta *vintage*.

Construir la forma

1   Desarrollo en proceso de Sophie
Brown, con una combinación de
calicó con glasillas de punto.
2   Diseño en cuerda encerada
de Derek Lawlor. Derek adapta
técnicas como el tramado para
crear sus piezas construidas.

Un enfoque tridimensional hacia el trabajo implica la figura y la forma, la proporción, el volumen y el peso. Este enfoque va desde el diseño del tejido a las ideas de prenda. La investigación y el proceso de diseño son aquí muy importantes y han de documentarse en el *sketchbook* del proyecto a través de notas, esbozos y fotografías.

A partir de las investigaciones, se empiezan a traducir las formas en ideas, a un cuarto de escala o a la mitad, y se pueden manipular las partes de una prenda para inspirar formas de posibles mangas, cuellos, etc. Muchas ideas de forma y estructura pueden trabajarse en un maniquí con glasilla de punto liso elástico y con muestras tejidas, patrones de papel y alfileres. Al diseñador se le exige entender el comportamiento del tejido de punto en el cuerpo, por lo tanto, hay que experimentar con varios tejidos de punto hasta encontrar un tejido de peso similar al tejido final. La construcción de la forma y el desarrollo del tejido han de realizarse simultáneamente, porque la una influye sobre el otro. Si el punto de partida son tejidos ya producidos, la construcción de la prenda estará determinada por el peso y la estructura de dichos tejidos.

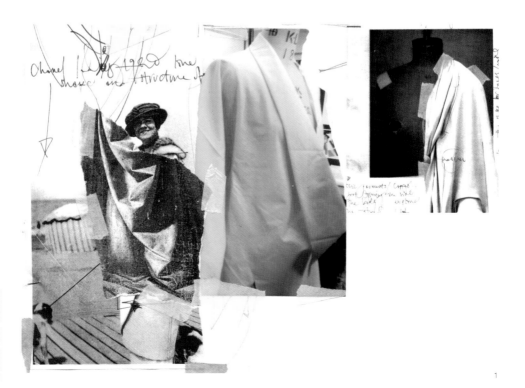

El color > **Construir la forma** > La presentación y la evaluación

El proceso de diseño

Algunos aspectos estructurales interesantes de las técnicas de punto pueden incorporarse directamente a las ideas de diseño. Por ejemplo, una pieza tejida con elasticidad se puede aplicar en una parte del diseño donde resulte útil, como en la cinturilla o en la región lumbar. Las técnicas de punto y la colocación del patrón han de trabajar por nosotros para facilitar el *fitting* de la prenda. Las muestras de tejido grandes se pueden enrollar alrededor del maniquí para crear partes de la prenda. Este método de crear forma es particularmente efectivo cuando se trata de un tejido hecho con la técnica del punto por partes. Muchos pliegues y drapeados poco convencionales se pueden conseguir a través de enrollados y drapeados asimétricos. Las partes de la prenda que falten se pueden rellenar después con glasilla de punto liso y convertirlas en patrones que, a su vez, serán tejidos. Cada etapa aporta información importante para desarrollar los diseños.

Hay que prestar atención al comportamiento de los tejidos cuando se les da forma en el cuerpo y diseñar las piezas según éste comportamiento. Los mejores resultados se conseguirán cuando se esté inmerso en el proceso, trabajando sin pausa entre el modelaje tridimensional en el maniquí y la realización de muestras en la máquina, con pruebas de elementos y drapeados, alterando y corrigiendo piezas, tomando conciencia del tamaño, la escala, el peso y la forma deseados.

1

2

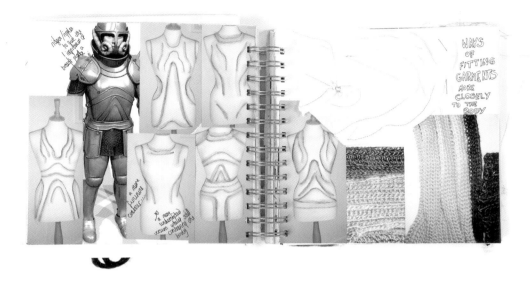

3

Crear volumen

1   Cuello construido de Juliana Sissons. Fotografía de Mitchell Sams.
2   *Portfolio* de Victoria Hill que muestra el desarrollo de la construcción de diseños en un maniquí.

Cualquier tejido de punto se puede moldear alrededor del cuerpo pero hay que tener en cuenta el peso del tejido cuando se crea un volumen. Los tejidos de punto de peso ligero pueden drapearse en pliegues suaves pero los tejidos de punto gruesos suelen ser sólidos y pesados.

Las estructuras grandes se pueden construir de manera rápida con hilos gruesos y agujas grandes en una máquina de galga gruesa. También se puede conseguir volumen y forma con el recurso de la repetición: se pueden usar capas sobre capas de un punto fino para crear siluetas grandes de grueso ligero y plumoso. El drapeado, los volantes y las técnicas de plisado son otras maneras de dar volumen y forma a los tejidos de punto de peso ligero.

Diseñar prendas y hacer patrones es el resultado de una combinación de procedimientos y puntos de partida. Se puede empezar con la ilustración de una prenda o con el esbozo de una idea y trabajar directamente en el maniquí con un tejido de punto liso elástico, modelando y ajustando con alfileres varias partes de la prenda. Este método ofrece un *look* más inmediato de las proporciones y de los detalles de diseño de la prenda. Sobre la glasilla se pueden marcar modificaciones, la posición de los bolsillos, la abertura del escote, etc., antes de empezar a desarrollar el peso y la caída del tejido de punto.

My idea: by slicing up an area of the painting into a section it created an interesting shape as seen on the right →
The shape looks quite aggressive, sharp, fierce and edgy which is similar to the characteristics of the personality Peggy.
I placed the pattern pieces that i printed out over the body which is shown in the pictures in the following pages.
The idea would be to develop it into a jacket made out of laser cut leather / high quality knobbled leather fabric.

FRONT   BACK   Left side   Right side

El color > **Construir la forma** > La presentación y la evaluación

La presentación y la evaluación

1 Muestra de tejido de Annabel Scopes diseñada en una máquina electrónica con DesignaKnit.

2 Muestra de tejido de Annabel Scopes hecha en una máquina Dubied de galga gruesa. Las agujas de la fontura frontal se han transferido a la fontura contraria para crear el motivo.

Al final de un proyecto, se esperará que se muestre y se presente el trabajo para discutirlo en grupo y evaluarlo. Esto desarrollará las habilidades de presentación, ayudará a la autorreflexión crítica, a los comentarios, a aprender de otros compañeros, a compartir experiencias, a recibir críticas constructivas y ofrecerlas a los demás y a desarrollar la habilidad de articular las intenciones de nuestro diseño. Una autoevaluación escrita ofrece la posibilidad de poner de relieve nuestros pensamientos acerca del proceso del proyecto (presentación y desarrollo) y de nuestro trabajo.

Presentación de las muestras

Las muestras tejidas se pueden sujetar en una bandera, así se llama a la
pieza estrecha de cartón que, dobla-
da sobre la parte superior, permite
alojar la muestra de forma que ésta
queda pendiente. También se disponen sobre hojas de cartón de peso
medio o en un panel. Aunque en algunos casos las muestras se separan de
las ilustraciones de diseño, en muchas
ocasiones las ilustraciones finales se
dibujan en estos paneles para mostrar
las ideas de diseño finales.

Las pruebas de muestras tejidas se
pueden montar en los paneles de
desarrollo del diseño, que hacen las
veces de anexos visuales del *sketchbook*. Un panel de desarrollo del diseño ha de documentar las diferentes
etapas de trabajo e incluir esbozos,
esquemas y fotografías del trabajo
tridimensional para ilustrar el proceso
de trabajo al mismo tiempo que permite la interacción con la visión del
diseño.

Hay que elegir las mejores muestras
para la presentación. Se pueden
incluir muestras adicionales en el archivo técnico o en el *sketchbook*.
Una selección de muestras tejidas
ofrece un buen aspecto cuando se
ve en el panel de tendencias, puesto
que tanto el tema como el color se
pueden comunicar a través de la
intensidad de la malla. Por ejemplo, un
hilo grueso tejido de manera prieta y
en vivos bloques de color sugerirá un
look y un tema de color diferentes que
unos hilos finos en delicados tonos
pasteles que formen un calado.

Las muestras no se presentan total-
mente sujetas ya que deben ser posible manejarlas para posibilitar su evaluación.

Los dibujos de moda

Se debe ser capaz de comunicar las
ideas de diseño de manera efectiva y,
en consecuencia, elegir el estilo de
ilustración más apropiado para el trabajo en cuestión. Las vistas del
delantero y de la espalda son normalmente necesarias para ofrecer una
imagen completa del diseño. Las
ilustraciones de diseño, que se incor-
porarán a los paneles de presentación, han de ser claras para transmitir
la textura y los detalles de diseño. Se
puede incluir el material de inspiración en un panel de presentación que
sirve para reforzar el espíritu de la
colección. La escala y la proporción
son importantes: las ilustraciones
han de representar la talla correcta y
la silueta ha de ser precisa.

En el panel de presentación se pueden acompañar dibujos planos con
ilustraciones más creativas. Estos
dibujos planos se refieren normalmente a dibujos técnicos o especificaciones, y se usan en la industria de
la moda como forma de comunica-
ción con los patronistas, los maquinis-
tas y los tejedores. Estos dibujos
describen de manera precisa cómo
se ha de construir la prenda, ya que
muestran proporciones exactas,
medidas, posición de las costuras,
de los bolsillos, los cierres y los detalles del escote. Se pueden incluir en
el archivo técnico junto con las medidas, las especificaciones del hilo, los
costes, las muestras y las instrucciones de patrón.

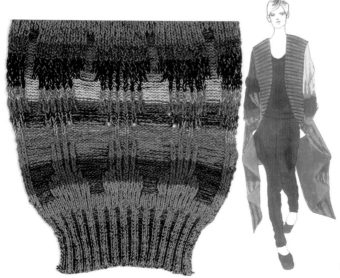

Construir la forma > La presentación y la evaluación

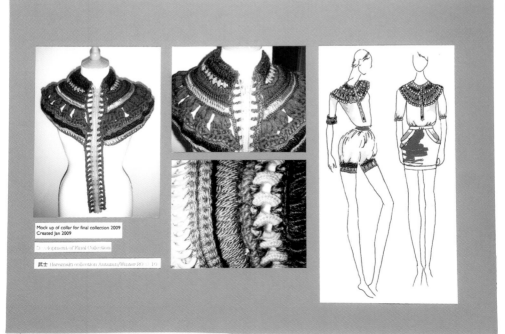

La autoevaluación

El objetivo de la autoevaluación es aprender de la experiencia. Esto ayudará a adoptar estrategias para actuar en el futuro, así como a modificarlas y desarrollarlas, con el objetivo de mejorar los métodos de trabajo y los resultados del diseño. Con esta evaluación y planificación, no sólo mejorará el rendimiento personal general, sino que también se ganará en independencia y responsabilidad sobre nuestro propio aprendizaje.

El *sketchbook* es un buen punto de partida. Los *sketchbooks* que han sido desarrollados durante todo el proyecto deben proporcionar una crónica reflexiva junto con el trabajo de diseño. Una página tiene que estar relacionada con la siguiente, debe contar una historia y documentar la investigación. Debe ser una muestra de trabajo muy personal, individual en cuanto a nuestras inspiraciones y métodos de trabajo.

Cada etapa de la investigación y del desarrollo del diseño es importante, desde los dibujos bidimensionales y los motivos hasta los tejidos tridimensionales, desde las pruebas de las muestras hasta las muestras tejidas de formas finales. La combinación de estos diferentes elementos proporcionará un claro enfoque en el concepto de diseño, pues ayudará a crear un buen método de trabajo y un formato que admitirá ser desarrollado en cualquier proyecto conceptual.

A medida que avanza el curso, se espera del alumno que muestre un mayor conocimiento de sí mismo y que desarrolle una comprensión de su trabajo y de los métodos utilizados para la realización del mismo. Se espera también que sea él mismo quien dirija su propio progreso y que identifique sus potenciales y las áreas que debe desarrollar.

Taller de diseño

Al final de un proyecto, hazte las siguientes preguntas:

¿Te inspiró la investigación que hiciste?
¿Tuviste suficientes búsquedas primarias?
¿Exploraste las partes más interesantes de tu investigación?
¿Agotaste cada camino creativo y llevaste a término la mayor parte de las ideas?
¿Quedaste satisfecho con el colorido?
¿Encontraste inspiración en la elección de los hilos?
¿Explotaste los procesos y técnicas elegidos?, ¿exploraste nuevos campos?
¿Resultaron las muestras de tejido finales apropiadas para las ideas de diseño?
¿Representaba tu colección la temporada marcada?
¿Se ajustaba la colección al *target* de mercado?
¿Qué has aprendido?
¿Qué habrías hecho de manera diferente?
¿Qué harás la próxima vez?
¿Qué ideas has desarrollado?, ¿en cuáles te gustaría profundizar más?

1–2 Paneles de presentación de Lucy Faulke; muestran diseños finales, dibujos y desarrollo de diseño.

Construir la forma > La presentación y la evaluación

1   Diseño de superficie
de un calado de Kati
White.

*"La esencia y la belleza del punto recaen en el hecho
de que el diseñador lo inventa todo desde cero; crea
la malla, el tacto, el peso y elige el color al mismo tiempo
que decide la textura y la forma y domina sus propios
acabados y sus detalles."*

Li Edelkoort

Los efectos tridimensionales en una superficie con textura
se pueden crear a través de la combinación de las técnicas
de malla y de los diferentes pesos de hilos. Una vez que se
dominan las variaciones de las mallas básicas y las técnicas
de motivo, se puede empezar a experimentar con el punto.
En el capítulo 3 atendemos al uso del motivo y de la textura
en la construcción, con técnicas de punto básicas para
máquinas domésticas. Se incluyen ejercicios de rayas y
de cambios de tensión, motivos, calados modernos y efectos
de textura, como las trenzas y los tramados.

Es importante tener un archivo técnico que será de constante
ayuda durante todos los estudios, así como comparar
y archivar todas las muestras tejidas de tensión, junto con
comentarios de las cualidades de los tejidos y su idoneidad
para el diseño. Se debe ser capaz de utilizar el archivo
técnico para producir muestras, si es necesario. Este archivo

Las muestras de tensión

1   Muestras tejidas de tensión
    con puntos corridos y espacios
    abiertos.
2   Tejer una muestra de tensión
    permite calcular el número
    de pasadas para los diferentes
    colores, como aquí se muestra.
3   Estas muestras de tensión
    presentan una combinación
    de canalé y diferentes tamaños
    de malla.

Es muy importante conseguir la tensión adecuada cuando se teje una prenda. Las muestras de tensión son indispensables para tejer una prenda en la talla y en la calidad de tejido correctas. Permiten calcular cuántas mallas se han de formar, cuántas pasadas se han de hacer y cuántas agujas se necesitan para aumentar o menguar mientras se da forma. Si la prenda tiene calados o cambios de técnica dentro del tejido, estos detalles tendrán que ser tejidos en la muestra de tensión. Muy a menudo se tejen muchas muestras de tensión para una misma prenda.

Cuando se utiliza un patrón de punto existente la medida de tensión encuentra en las instrucciones del patrón. Un conjunto de medidas de, por ejemplo, 30 mallas y 40 pasadas en 10 cm, significa que será necesario montar 30 agujas y tejer 40 pasadas para conseguir los 10 cm. Si no se ajusta la medida de tensión a una muestra de tensión el trabajo realizado no será correcto y se tendrá que variar la configuración de la tensión. Es importante almacenar estas muestras de tensión en el archivo técnico, junto con el hilo y la galga de la máquina, para disponer de todo ello como referencia para el futuro.

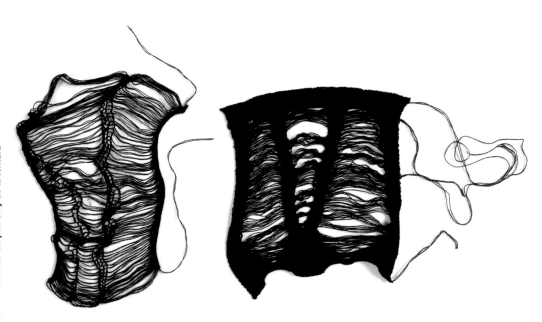

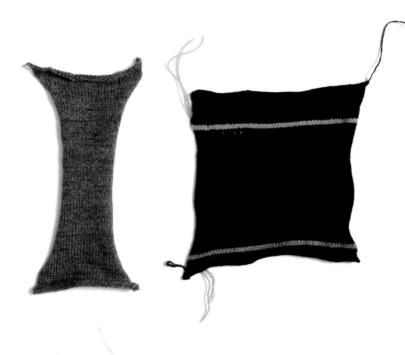

2

3

Realizar muestras de tensión

Existen varias maneras de realizar muestras de tensión y la mayoría de los tejedores utilizan los métodos que mejor satisfacen sus necesidades. Las dos maneras más comunes son medir la tensión y calcular la tensión en un cuadrado.

Calcular las pasadas

por centímetro
50 pasadas = 13,5 cm
100 pasadas = 27 cm
100/27 = 3,7
3,7 pasadas = 1 cm

Calcular las mallas

por centímetro
50 mallas = 15 cm
100 mallas = 30 cm
100/30 = 3,3
3,3 mallas = 1 cm

Medir la tensión

1 Hacer una muestra de 80 agujas de ancho y 20 cm de largo, aproximadamente, utilizando el hilo elegido para la prenda. Anotar cuántas pasadas se han tejido.
Nota: Si se está haciendo un conjunto de medidas de tensión, se habrán de montar unas 20 agujas y tejer aproximadamente 30 pasadas más para que la muestra sea más ancha y más larga que las medidas de tensión ya dadas; esto ocurre porque los bordes del tejido se pueden deformar.
2 Sacar la muestra de la máquina, lavarla o vaporizarla y colocarla en una superficie plana. Acabarla como se acabaría una prenda final.
3 Elegir un área de la muestra en la que el punto se aprecie regular; no muy cerca de los bordes, pues en estos puede estar deformado.
4 Medir 10 cm a lo ancho y marcar las mallas con alfileres. Contar el número de mallas entre las agujas. Para calcular el número de mallas por centímetro, dividir el total entre 10.
5 Medir 10 cm a lo largo y marcar las pasadas con alfileres. Contar el número de pasadas entre los alfileres. Para calcular el número de pasadas por centímetro, dividir el total entre 10.
6 Anotar la galga de la máquina, junto con el tipo, el grosor, el color y la marca del hilo (es aconsejable escribir estos datos en una etiqueta y adjuntarla a la muestra). Esto hará posible realizar muestras con la misma tensión en etapas posteriores.

Muchas muestras tejidas fruto de las pruebas pueden hacer las veces de muestras de tensión para motivos en diferentes texturas. Pero hay que recordar que, cuando se iguala una muestra de tensión a unas medidas de tensión ya dadas (como 30 mallas y 40 pasadas, en 10 cm), las medidas han de ser correctas. Si las 30 mallas miden menos de 10 cm, entonces el punto será muy ajustado y tendrá que ser tejido de nuevo con una tensión más floja o en una máquina de galga mayor. Si las 30 mallas miden más de 10 cm, el punto será muy suelto y tendrá que tejerse de nuevo con una tensión más apretada o en una máquina de galga más fina. De manera similar, si las 40 pasadas miden más o menos de 10 cm, la tensión tendrá que ajustarse de forma acorde.

1   Muestras de tensión de Annabel Scopes.

Calcular la tensión en un cuadrado

Otra manera de realizar muestras de tensión es medir un cuadrado de 50 agujas por 50 pasadas para calcular la cantidad de mallas y de pasadas por centímetro. Esta información se usa cuando se hacen pruebas de motivo.

1   Alimentar la máquina con hilos alternativos, que pueden ser del mismo tipo o peso que el hilo pretendido para la prenda, pero de color diferente.
2   Formar 80 agujas aproximadamente. Esto permite que el ancho final sea superior al de las 50 agujas que se necesitan, lo que evita que el cuadrado tenga los bordes deformados.
3   Tejer entre 15 y 20 pasadas con hilo alternativo.
4   Cambiar al hilo con el que se hará la prenda. Tejer 50 pasadas. Es aconsejable parar cuando se lleven tejidas 25 pasadas y marcar la mitad de la muestra para indicar dónde están las 50 mallas. Estas marcas se pueden hacer enganchando un hilo a contraste de color en las agujas 1 y 50.
5   Volver a cambiar al hilo alternativo y tejer entre 15 y 20 pasadas antes de acabar.
6   Lavar o vaporizar la muestra de tensión y dejar que el punto repose.
7   Colocar la muestra de tensión en una superficie plana, lista para medir y calcular. Si, por ejemplo, 50 pasadas miden 13,5 cm, se puede decir que 100 pasadas medirán 27 cm. Para calcular el número de pasadas en 1 centímetro hay que dividir 100 entre 27, lo que da 3,7 pasadas por centímetro. Por lo tanto, si 50 mallas miden 15 cm, se puede decir que 100 mallas medirán 30 cm. Para calcular el número de mallas en 1 centímetro hay que dividir 100 entre 30, lo que supone 3,3 mallas por centímetro.

Las muestras de tensión > Las técnicas básicas

Las técnicas básicas

Existen varias técnicas básicas que deben aprenderse cuando se es principiante: la formación de malla, el acabado y el recogido de mallas caídas. También se pueden usar en combinación con otras técnicas para obtener resultados interesantes. Es aconsejable practicar estas técnicas fundamentales a fin de utilizarlas con seguridad cuando se teje.

Hay diversas maneras de formar mallas y de acabarlas, cada una de las cuales crea bordes individuales y detalles de acabado visuales. La formación de malla y el acabado no sólo se utilizan al principio y al final del tejido, también se usan para dar forma y para hacer calados y ojales.

Formación de mallas cerradas

1 Enhebrar el hilo en el muelle de tensión y en el disco. Tirar del hilo hacia abajo y hacia el lado izquierdo de la máquina.
2 Anular el número necesario de agujas, presionando las agujas hacia delante en la fontura tanto como se pueda.
3 Hacer un nudo corredizo y colocar al final la aguja izquierda.
   Con el carro a la derecha, trabajar de izquierda a derecha enrollando el hilo en el sentido contrario a las agujas del reloj (lo que se conoce como envoltura en "e").
4 Después de envolver la última aguja de la derecha, enhebrar el hilo en el carro.
5 Pasar el carro a través del tejido. Sacar de nuevo las agujas y repetir hasta que haya suficientes pasadas como para poder colocar los pesos. Tejer el largo necesario.

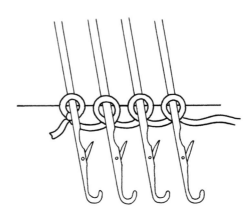

Formación de mallas abiertas

1   Enhebrar el hilo en el muelle de tensión, en el disco y en el carro en el lado derecho de la máquina.
2   Disponer el número necesario de agujas en posición de trabajo.
3   Tejer una pasada con hilo alternativo. Sostener el hilo mientras se mueve el carro a través de las agujas. Esto tendrá el aspecto de una pasada de bucles.
4   Colocar un hilo de nailon a través de los bucles, entre las agujas y las clavijas de la platina (la fila de clavijas a lo largo de la fontura delantera). Sujetar firmemente con una mano ambos extremos del hilo de nailon y tirar hacia abajo.
5   Manteniendo el hilo de nailon, tejer 10 pasadas o hasta que el tejido sea lo suficientemente largo como para colocar los pesos.
6   Quitar el hilo de nailon tirando suavemente de un extremo. Continuar tejiendo o cambiar al hilo final.

La formación de malla

Las dos técnicas de formación de malla incluyen la formación de mallas cerradas a mano, que no se deshará puesto que crea un borde firme y sólido; y la formación de mallas abiertas, que produce un abierto de bucles que se puede tanto tejer como girar para hacer un dobladillo.

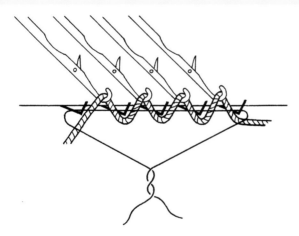

Posición de las agujas

Hay cuatro posiciones de agujas en la mayoría de las máquinas domésticas (aunque las Passap tienen dos). En ambos lados de la fontura de agujas se pueden encontrar una serie de letras grabadas: A, B, C y D, en una máquina Knitmaster; A, B, D y E, en una máquina Brother. Para hacer trabajar las agujas es necesario alinear los talones con las letras.

Las posiciones son las siguientes:

- A: agujas en posición de fuera de trabajo, que no tejen.
- B: agujas en posición de trabajo.
- C (D, en las máquinas Brother): agujas en posición de selección.
- D (E, en las máquinas Brother): agujas en posición anulada. No tejen cuando las levas están activadas.

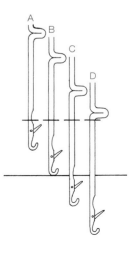

El acabado

Cuando se acaba un tejido de punto, todas las mallas deben asegurarse haciendo un borde firme y pulido. Como en la formación de mallas, existen varias maneras de terminar un tejido. El siguiente método requiere el uso de una herramienta para transferir. Puede resultar más fácil si se quita el hilo del carro y de la unidad de tensión pero si no se hace, hay que tirar del hilo hacia abajo desde el guía-hilos, lo suficiente para que no haya tensión. Siempre hay que terminar el tejido por el mismo lado en el que está el carro.

Técnica de acabado

1 Colocar la herramienta para transferir en la primera aguja. Tirar hacia fuera y empujar hacia atrás para que la malla se mueva hacia la herramienta para trasferir.
2 Colocar la malla en la siguiente aguja (ya sea por detrás o por delante de las clavijas de la platina). Tirar de esta aguja para que las dos mallas caigan por detrás de la lengüeta de la aguja.
3 Coger el hilo del guía-hilos y colocarlo a través del gancho de la aguja pero por delante de la lengüeta. Tirar de la aguja hacia atrás para tejer una nueva malla. Dos mallas se han tejido en una y una malla se ha acabado.
4 Repetir este proceso hasta el final del tejido. Terminar la última malla tirando del hilo cortado a través de la malla.

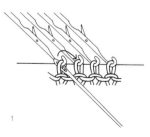

1

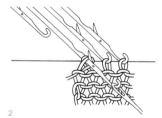

2

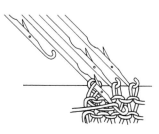

3

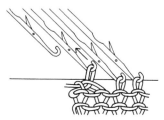

4

Restaurar mallas

Para reparar una malla caída se necesita una herramienta de lengüeta con la que restaurar la malla manualmente. Si una malla se ha caído en varias pasadas, se puede recoger y volver a tejer.

Restaurar una malla caída

1 Insertar la herramienta de lengüeta por detrás del tejido, directamente en la malla inferior a la que hay que restaurar.
2 Empujar la herramienta de lengüeta hacia delante de modo que la malla caiga por detrás de la lengüeta. Atrapar en el gancho el siguiente hilo no ligado y tirar hacia atrás de la herramienta de lengüeta, cerrando la lengüeta con el hilo dentro.
3 Tirar de la herramienta de lengüeta aún más hacia atrás para que la malla se deslice hacia abajo sobre la lengüeta cerrada, formando una nueva malla en el gancho.
4 Continuar recogiendo cualquier otra basta, siempre cogiendo la que se ofrezca más directamente sobre la malla.
5 Cuando se esté llegando a la parte de arriba, usar una herramienta sencilla de transferir para volver a colocar la malla en la aguja (véase la ilustración inferior).

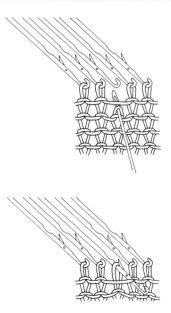

El archivo técnico

Una vez se dominan las técnicas básicas de formación de malla y de punto liso, lo siguiente es familiarizarse con la máquina y su funcionamiento. Recoge los resultados en el archivo técnico. Lo ideal es que el archivo contenga lo siguiente:

- Cómo funciona la máquina de hacer punto, la función del carro, etc.
- Cuidado y mantenimiento de la máquina.
- Muestras tejidas de motivos producidos manualmente: pruebas de tensión, rayas, calados, puntos corridos y detalles de acabados, como dobladillos y ojales.
- Muestras tejidas con fichas perforadas o con motivos de ficha Mylar, como los Fair Isle o las mallas retenidas y las cargadas.
- Muestras tejidas de acanalados, como diferentes tamaños de canalés hechos con máquinas de doble fontura y falsos canalés hechos con máquinas de una fontura.
- Muestras y motivos con relación al diseño, por ejemplo, ideas de partes de una prenda, como puedan ser puños o cuellos.
- Ilustraciones y esquemas con relación a muestras.
- Motivos gráficos usados para los diseños Fair Isle o para la construcción de la malla.
- Notas y patrones de punto para confeccionar prendas, como menguados de forma.
- Información sobre diseño asistido por ordenador y cualquier trabajo relacionado, como motivos impresos, muestras y notas.
- Muestras de hilo (obtener del fabricante las cartas de color).
- Recortes de revistas y periódicos de las últimas tendencias en prendas de punto.

El regulador de tensión
de la malla: rayas de tensión

Siempre hay que asegurarse de que el número para regular la tensión de la malla es el adecuado para el hilo que se va a utilizar. El regulador de tensión de la malla regula el tamaño de la malla. La posición 0 crea la malla más tupida (la más pequeña). La posición 10 crea la malla más floja (la mayor). Si la tensión es demasiado apretada será difícil tejer y la prenda será dura e incómoda de llevar. Si la tensión es demasiado suelta la prenda no tendrá forma.

Hay que practicar con variedad de hilos en diferentes tensiones. Los números más bajos del regulador de tensión generalmente son mejores para utilizar con hilos finos, y los más altos, para hilos gruesos.

Después de aprender a crear el peso y el tacto correctos de los tejidos, se puede experimentar en la creación de muestras a rayas con contrastes de tensión y variar el grosor, el peso, el porcentaje de fibra, el color y la textura.

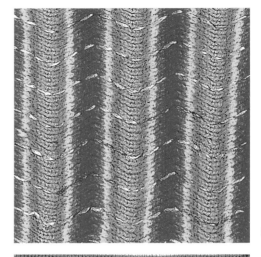

2

3

1

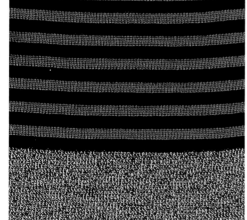

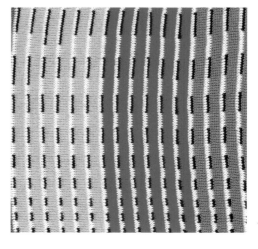

4

5

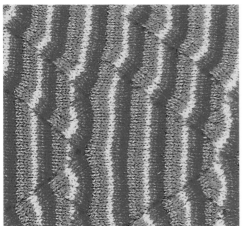

6

Hacer rayas

1 Formar las mallas y tejer el número
   de pasadas necesario.
2 Desconectar el hilo y enhebrar el segundo
   color en el segundo guía-hilos de la unidad
   de tensión.
3 Quitar el hilo roto de la dirección en la que se
   van a tejer para evitar bucles. Tejer el número
   de pasadas necesario y repetir la acción.
4 Hacer el mismo número de pasadas para
   cada color. Después, cambiar el número
   de pasadas para cada grupo de color.

Cuando se hacen rayas horizontales en una
prenda, hay que tener presente que habrá
que hacerlas coincidir cuidadosamente cuando
se cosan juntas.

Las rayas verticales o diagonales se pueden hacer
utilizando una ficha perforada o una ficha Mylar,
por diseño asistido por ordenador o bien usando
la técnica del punto por partes (agujas anuladas).

1–8 Selección de muestras a una y doble
      fontura, con mezcla de raya lisa y raya
      con motivo más complejo, de Amy
      Dyer, Sarah Nicholls y Natalie
      Osborne.

8

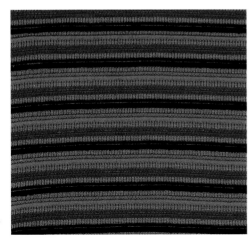

7

Los calados

1 Formación de malla calada: técnica
básica de malla transferida.
2 El cuadro muestra un motivo
de agujero para un calado.
3 Diseño de calado del diseñador
de prendas de punto Mark Fast,
primavera/verano 2010. Catwalking.com.

Los calados modernos son una combinación de redes translúcidas y bastas sueltas, motivos con agujeros y mallas caídas de forma irregular. Normalmente se tejen en peso ligero y con hilos finos. El uso de hilo fino en una máquina de galga gruesa creará una red suave, transparente y flexible. Se pueden hacer mallas gigantes tan sólo con formar las mallas cada dos o tres agujas. Un calado sencillo consiste en colocar una malla en otra contigua para crear un agujero en ese mismo lugar.

Mallas transferidas

Los calados se realizan usando la técnica básica de transferencia de malla, que consiste en transferir mallas de un conjunto de agujas a otro usando herramientas multipunto para transferir mallas. Es posible transferir muchas mallas en un solo movimiento. Las mallas se pueden tanto transferir a otras agujas de la fontura como dejar caer y desprender a lo largo del tejido. Existen carros de calados disponibles para máquinas domésticas de una fontura. Las mallas seleccionadas se transfieren automáticamente a las agujas contiguas.

Se pueden transferir varias mallas a una sola aguja, tanto para recolocar mallas para un motivo como para alterar la forma de un calado. Existen diversos diseños de agujeros y de pequeños ojales basados en la técnica de transferencia de malla.

Cuando se trabaja en una máquina de doble fontura, las transferencias se pueden hacer con una aguja de jareta, que es una herramienta con agujeros en cada extremo. Después de utilizar uno de los extremos de la aguja de jareta para quitar una malla, ésta se puede inclinar para que se deslice hacia el otro extremo y sea más fácil colocar la malla en la fontura opuesta.

1

2

Técnica de calado/agujeros

1. Hacer la formación de mallas normalmente. Tejer la cantidad de pasadas necesarias.
2. Transferir una malla a la aguja contigua utilizando la herramienta para transferir mallas y volver a poner la aguja vacía en posición de trabajo (posición B).
3. Tejer dos pasadas para cerrar el agujero.
4. Se pueden conseguir motivos de calado más complejos experimentando con esta estructura de malla básica. Intenta transferir más de una malla a la vez y llevarlas en diferente dirección.

3

El punto corrido

El punto corrido crea un efecto de calado, hecho mediante una versión exagerada de la técnica de mallas transferidas. Se puede hacer por medio de formas o construirse de manera horizontal, transfiriendo una malla a un lado del punto corrido y volviendo a poner en acción una aguja vacía en el otro lado del punto corrido. Esta acción se repite en cada pasada o cada dos pasadas de punto.

1   En este esquema de muestra se aprecia un punto corrido de dos agujas de ancho.
2   Punto corrido con forma y detalles de agujeros de Juliana Sissons.
3   Diseño de calado de Rodarte, otoño/invierno 2008. Catwalking.com.

1

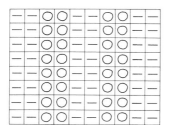

2

Técnica del punto corrido

1 Transferir una malla a los intervalos necesarios, dejando agujas en la posición de fuera de trabajo (posición A), por ejemplo, cada cuatro agujas. Esto crea un punto corrido mientras se teje. Volver a poner en posición de trabajo (posición B) las agujas vacías para continuar tejiendo de manera normal. Esta técnica se puede utilizar para motivos de formas decorativas, como contrastes de hilo o cintas a través del punto corrido.

2 Para un efecto acanalado, utilizar la herramienta de lengüeta en el revés del tejido y restaurar las mallas recogiendo las bastas, dos de una vez continuar tirando de una sobre la otra hasta alcanzar la parte de arriba del tejido. Esto es más efectivo cuando se dejan dos agujas fuera de trabajo a intervalos regulares.

3 Experimenta con el ancho de los puntos corridos usando agujas múltiples. Se puede crear un calado interesante recogiendo bastas de manera aleatoria con la herramienta de lengüeta y enganchándolas en las agujas en posición de trabajo más cercanas.

4 Para crear un punto corrido con forma, transferir mallas hacia fuera de cada lado del punto corrido existente, por entre las pasadas de punto. Dejar las agujas vacías fuera de trabajo (posición A) hasta que se alcance el ancho de punto corrido deseado. Después, una por una desde cada lado, volver a poner las agujas vacías en posición de trabajo (posición B). Explorar variaciones de esta técnica.

Nota: Si dos agujas contiguas se ponen en posición de trabajo al mismo tiempo se formará una malla extendida, en vez de dos.

3

Las técnicas básicas > Los calados > La textura en la superficie del tejido

La textura en la superficie del tejido

1   Colección de prendas de punto de Tirzah Mastin. La diseñadora crea texturas en la superficie del tejido usando una combinación de hilos finos y gruesos de seda, algodón y lana y le ha añadido estampado *devoré*, intarsia, vanisado y técnicas de anulación de agujas.

Las variaciones de mallas básicas aportarán elementos decorativos a los tejidos y cambiarán considerablemente la apariencia e idoneidad del tejido. Puede hacerse que un tejido de hilo fino parezca más pesado mediante el uso de mallas de fantasía, por ejemplo.

Las tres técnicas principales para dar textura a la superficie del tejido son el tramado, las mallas cargadas y las mallas retenidas. Los tejidos de plana, también conocidos como calada, que tienen un motivo repetido por toda la superficie tienen muy poca elasticidad a lo ancho. Estos tejidos son más sólidos y se pueden cortar sin que se deshilachen. Las mallas cargadas producen tejidos cálidos, voluminosos y con mucha elasticidad. Son tejidos con bordes sólidos que no se enrollan sobre sí mismos, por lo que resulta más fácil montar prendas con ellos. Las mallas retenidas crean tejidos opacos con poca elasticidad. Los motivos con bastas por toda la superficie se pueden usar para decorar o para crear tejidos de peso ligero con textura y buenas propiedades aislantes. Las técnicas como levantar mallas o hacer trenzas son también maneras efectivas de dar textura a la superficie del tejido.

Las mallas cargadas y las retenidas utilizan una técnica de selección similar. Ambos tipos de mallas se pueden producir de manera automática, tanto con una ficha perforada como con una ficha Mylar. Asimismo, ambas han de utilizarse en combinación con mallas de punto normal. Cada aguja que produce una malla cargada tiene que tener una aguja que produzca una malla de punto normal a cada lado. También es posible configurar el carro para que se realicen mallas cargadas o retenidas cuando se mueven en un sentido y mallas de punto normal cuando el carro corre en el otro sentido. Tanto las mallas cargadas como las retenidas se pueden combinar con rayas a color para crear efectos de textura de color.

Las mallas cargadas

Las mallas cargadas pueden producir motivos de textura en ambas caras del tejido. Sin embargo, es más común en el revés. Un motivo pequeño producirá un efecto de nido de abeja y un motivo mayor producirá áreas mayores con relieve.

La malla se sostiene en el gancho de la aguja hasta que se teje. Los bucles cargados deforman el tejido presionando las mallas fuera de la pasada, creando texturas de motivo interesantes. Se puede crear una superficie desigual conteniendo los bucles en la cabeza de la aguja y haciendo varias pasadas a la vez, con los bucles en las mismas agujas, antes de seguir tejiendo. Hay que tener en cuenta que el número de pasadas que se pueden hacer conteniendo los bucles en las agujas es limitado. Esto depende de la tensión y del tipo de hilo que se use. La mayoría de las máquinas domésticas son capaces

de mantener entre 6 y 8 bucles de hilo. Utilizar peso adicional y una tensión más apretada puede ayudar.

Si se seleccionan las agujas manualmente, se puede ignorar el carro y la información de la ficha perforada o de la ficha Mylar y experimentar con más motivos. Las mallas cargadas también se pueden crear de manera manual, sin utilizar una ficha perforada o una ficha Mylar, poniendo las agujas seleccionadas fuera de trabajo y activando las levas del carro. Después de varias pasadas de mallas cargadas se tienen que desactivar las levas y tejer una pasada de punto liso. La cantidad de pasadas sostenidas y de punto liso se puede variar.

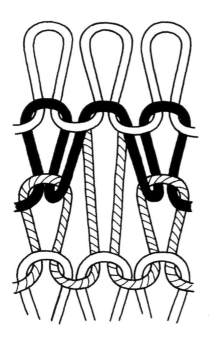

1

Hacer mallas cargadas manualmente

1   Poner cada tres agujas en posición anulada. Activar las levas del carro.
2   Hacer tres pasadas. Desactivar las levas. Hacer una pasada de punto liso.
3   Repetir la secuencia. Esto nos da la libertad de experimentar con una variedad de motivos de mallas cargadas.

El carro se puede configurar también para tejer dos colores a la vez. Se pueden crear motivos con color combinando mallas cargadas con rayas.

1   Hacer dos pasadas en un color después de seleccionar las agujas impares, que harán malla cargada, y las agujas pares, que harán punto liso.
2   Hacer dos pasadas con el segundo color. Hacer malla cargada con las agujas impares y punto liso con las pares.
3   Repetir la secuencia para crear un motivo moteado.

Existen muchas variaciones de la malla básica. Éstas son algunas de las técnicas interesantes para explorar: tejer un motivo con una ficha perforada y volver a tejer punto liso cada tres o cuatro pasadas. Esto queda bien en motivos verticales. Para crear un efecto de calado, hacer varias pasadas de mallas cargadas con agujas espaciadas, con una tensión apretada y luego hacer varias pasadas de punto liso con una tensión suelta, en contraste.

2

Nota
En una ficha perforada,
los espacios sin perforar hacen
malla cargada y los perforados,
punto liso. Si se utiliza una
máquina electrónica se pueden
marcar las mallas cargadas
en la ficha Mylar. El resultado se
invertirá en la máquina pulsando
el botón de opción en negativo.

1   Formación de la malla cargada.
2   Muestra con forma de Zuzanna
     Vostiarova, donde se ven mallas
     cargadas que han sido trabajadas
     con ondas y agujeros creados con
     la técnica del punto por partes.

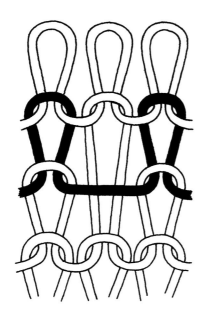

1

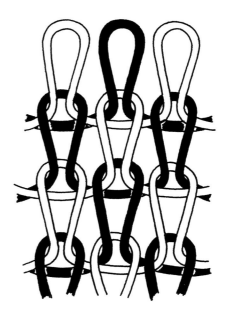

2

Las mallas retenidas

Las mallas retenidas son aquellas que no se producen porque la aguja no está seleccionada, de forma que permite al hilo pasar ante ella y formar una basta. El revés del tejido muestra la textura del motivo con todas las bastas. Los cabos de hilo que pasan sobre el punto liso tienden a estar bastante comprimidos, lo que disminuye el ancho del tejido y aporta muy poca elasticidad. En máquinas con fichas perforadas, los agujeros perforados hacen punto liso y los espacios en blanco hacen malla retenida. En las máquinas electrónicas se pueden marcar las mallas retenidas en la ficha Mylar y el resultado se invertirá pulsando el botón de opción en negativo.

Las mallas retenidas son también la base de los motivos a dos colores o de los Fair Isle. El motivo se puede tejer con dos pasadas para cada color. Si se utilizan mallas retenidas en conjunción con rayas, se pueden conseguir motivos complejos con aspecto de mosaico en el derecho del tejido.

1–2 La malla retenida produce bastas en el revés del tejido (1) y puede usarse para hacer motivos a dos colores en el derecho (2).

3 Muestra de Ruth Carpenter en la que utilizó la técnica del vanisado. Dibujo inspirado a partir de mallas retenidas. Tejidos como éste pueden crearse en máquinas industriales de doble fontura.

Hacer mallas retenidas

1 Seleccionar las agujas impares para hacer punto liso y las impares para hacer malla retenida. Tejer dos pasadas de malla retenida en un color.
Nota: Seleccionar siempre la primera aguja de la pasada para hacer punto liso, para que las bastas del revés queden ligadas al borde del punto.

2 Invertir el orden de las agujas para punto liso y malla retenida. Tejer dos pasadas de malla retenida con el segundo color. La malla retenida se elevará, se alargará por encima de la pasada y formará un motivo en el derecho del tejido.

3 Se puede crear un efecto de rizo cuando las mismas agujas están seleccionadas para hacer malla retenida sobre varias pasadas, seguidas de una pasada de punto liso y, después, repetir la secuencia.

Los calados > La textura en la superficie del tejido > Los tejidos de punto con motivo

El tramado

El tramado es, probablemente, la técnica más versátil para producir diferentes superficies con textura, pero no es estrictamente una variación de malla. Normalmente se hacen en el revés del tejido para potenciarlo. Estos tejidos de punto tienen características similares a las de los tejidos de plana y menos elasticidad. La tejedura se hace de manera convencional pero, en el momento en el que se trama el hilo, primero se hace a través de las agujas de la fontura, pasándolo de manera alterna bajo y sobre las agujas. Después se teje al tejido, cogiéndolo bajo las agujas alternas. El hilo se puede enrollar alrededor de las agujas y las mallas, se puede tejer en el punto en sí, hacer motivos y rayas por toda la superficie del tejido y crear bucles de pelo y flecos.

Se pueden hacer métodos básicos con fichas perforadas con hilos finos, como los *bouclés* y los de *mohair*. Se configura la ficha perforada y se bajan los cepillos de tramado. El hilo secundario se coloca en el guíahilos del hilo para tramar y el carro se mueve a través de la máquina. Si el hilo es muy grueso o con nudos se puede emplear una técnica de tramado manual.

1   Vestido de Shao-yen Chen hecho con hilos de poliamida, *cashmere* y lycra en una máquina de hacer punto doméstica. Cada fibra de poliamida se puso a mano en las agujas para crear volumen.

2   Un hilo adicional se pasa bajo y sobre las agujas de manera alterna y después se teje para crear el tramado.

3   Cuadro de motivo tramado que muestra la repetición entrelazada 1×1 (arriba) y la alternancia entrelazada 1×1 (abajo).

1

El tramado manual

1 Poner todas las agujas en posición anulada. No activar las levas pero bajar los cepillos de tramado.
2 Elegir un hilo con textura o un tejido a rayas para el efecto de tramado.
3 Tramar el hilo sobre y bajo las agujas. Esto también se puede hacer en pares, sobre dos agujas y bajo otras dos agujas o en cualquier otra combinación.
4 Empujar los hilos para tramar hacia atrás, cerca de las clavijas de la platina, para que no se enreden en los cepillos.
5 Pasar el carro a través. Hacer una o dos pasadas. El hilo se tejerá. Repetir. Se pueden tejer bastas largas y luego cortarlas para producir empenachados.

Como alternativa al tramado se pueden utilizar mallas retenidas. Después de hacer varias pasadas de punto liso se puede tejer una pasada de mallas retenidas con un hilo diferente. Las agujas para esta pasada habrán de configurarse con una alternancia de una aguja para malla de punto liso y cinco o seis para malla retenida.

Los hilos para tramar se pueden trabajar tanto en horizontal como en vertical. El hilo secundario se puede enrollar en "e" alrededor de las agujas individuales dentro del cuerpo del tejido. También se puede usar para crear efectos decorativos y flecos.

Bucles de pelo/flecos

1 Poner en posición anulada las agujas necesarias. No activar las levas.
2 Servirse de una aguja de punto, un lápiz o una varilla. Mantener la varilla bajo las agujas en posición anulada.
3 Poner el hilo secundario sobre una aguja, bajo la varilla y después, sobre la siguiente aguja. Repetir la acción sobre las agujas necesarias. Pasar el carro a través mientras se mantienen los bucles firmemente presionados contra la máquina.
4 Por último, cortar los bucles para crear los flecos.

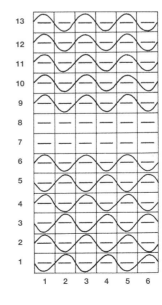

2

3

Los calados > La textura en la superficie del tejido > Los tejidos de punto con motivo

Levantar mallas: el gofrado

Las mallas de una pasada previamente tejida se pueden levantar y luego volver a poner en las agujas. Después, cuando se pasa el carro a través de la fontura, se tejerán las mallas levantadas en el tejido, lo que dará como resultado un efecto fruncido. Esta técnica se puede usar para levantar mallas sencillas o múltiples, así como bastas y puntos corridos.

Para levantar una malla se inserta en ella una herramienta con la que trasferir. La herramienta se levanta hacia arriba y la malla se coloca en la aguja. Esto hará que el derecho del tejido se frunza.

Consejo
Cuando se es principiante, los hilos de lana son los más fáciles para trabajar, debido a que son más elásticos que el algodón, el lino o la seda.

1

2

1–4   Bolsos diseñados por Justin Smith.
      Utilizó la técnica de levantar mallas
      para crear diferentes efectos
      de textura.

3

4

El gofrado aleatorio

1 Hacer la formación de malla de la manera habitual y tejer 10 pasadas con el primer color.
2 Cambiar de color y tejer otras 10 pasadas.
3 Conectar las mallas desde la pasada 10 (la pasada 1 de color diferente) y colocarlas aleatoriamente en las agujas.
4 Cambiar el color y tejer 10 pasadas. Repetir en colores diferentes, conectando las mallas cuando se desee.

Algunas variaciones son: gofrado de color único, gofrado a intervalos regulares para hacer un motivo, y gofrado de todas las agujas de una pasada para crear ondas horizontales. Experimentar con las siguientes técnicas:

1 Tejer entre las mallas levantadas y las agujas en las que están colocadas para conseguir efectos de textura más exagerados.
2 Crear un efecto drapeado levantando unas cuantas agujas y espaciándolas.
3 Se pueden hacer muchas más texturas interesantes repitiendo los motivos de mallas levantadas.
4 Crear un diseño de nido de abeja alternando grupos de mallas levantadas y no levantadas a lo largo del tejido.
5 Levantar grupos de mallas a la derecha para tener algunas repeticiones y luego levantar los mismos grupos de mallas a la izquierda para tener otras tantas repeticiones. El resultado es un interesante efecto de zigzag fruncido.

Los calados > La textura en la superficie del tejido > Los tejidos de punto con motivo

Las trenzas

Las trenzas se crean cruzando dos grupos de mallas entre pasadas de tejido. Se necesitan dos herramientas para transferir para quitar los dos grupos de mallas de las agujas en las que se alojan. Las mallas se cruzan y luego se teje de la manera habitual. Intenta experimentar con el número de mallas para cruzar y con la cantidad de pasadas tejidas entre ellas.

1   Trenza a gran escala adornada con estampado laminado, de Pamela Leung.

2   *Escultura emocional*, colección de Johan Ku hecha en lana pura utilizando agujas gigantes.

1

Los calados > **La textura en la superficie del tejido** > Los tejidos de punto con motivo

Los tejidos de punto con motivo

1 Diseño Fair Isle de Alexander
McQueen como parte de su
colección otoño/invierno 2005,
El hombre que sabía demasiado.

Aprender a crear motivos para los tejidos de punto abrirá una gran variedad de posibilidades. Los motivos como los Fair Isle y los *jacquard* se pueden diseñar y crear con una ficha de motivo del tipo de las fichas perforadas o las fichas Mylar, con ayuda de programas de diseño asistido por ordenador. Los motivos de intarsia son ligeramente diferentes ya que se pueden tejer sin fichas de motivo. Se utilizan para crear formas grandes, con muchos colores en una misma pasada. Los motivos de diseño normalmente se dibujan primero en papel cuadriculado y las combinaciones de color se trabajan haciendo pruebas en la máquina.

Crear fichas de motivo propias significa que no estamos restringidos a diseños ya existentes. También nos permitirá variar, con un enfoque experimental, motivos ya creados. Es aconsejable probar diversos colores en diferentes diseños de malla, como las cargadas, las retenidas y los calados, hacer los motivos más grandes tejiendo cada pasada dos veces o tejiendo una serie de pasadas con la ficha bloqueada. También se puede variar el diseño grabando sobre agujeros seleccionados o combinando secciones de fichas diferentes, cortándolas y pegándolas juntas. Los motivos que impliquen la configuración de las agujas se pueden seleccionar manualmente moviendo las agujas hacia delante antes de tejer cada pasada (los pulsadores de aguja son útiles para traer las agujas hacia delante de manera secuencial, como en el punto 1×1, para un motivo de malla cada dos agujas).

Los motivos Fair Isle y los motivos *jacquard*

Los motivos de punto Fair Isle son conocidos por sus tradicionales motivos a dos colores. El derecho del tejido es la cara que presenta el motivo. En el revés se pueden ver las bastas de hilo, cómo cada color pasa sobre otro cuando no se teje en el motivo. Los dos hilos se tejen simultáneamente para producir el diseño del motivo de la ficha. El reverso de la ficha será el derecho tejido del motivo. Las partes blancas de la ficha representan el color principal. Las partes perforadas de la ficha, el color a contraste.

Los Fair Isle tradicionales están separados por estrechos bordes y se caracterizan por el cambio frecuente de color. Un diseño Fair Isle *all-over* es una repetición continua del motivo, en toda la superficie del tejido, con principio y final no marcados, lo que funciona bien con combinaciones de muchos colores. Los motivos Fair Isle son diseños sencillos, de líneas limpias y colores llamativos. Los motivos consisten en numerosas formas de color encerradas en los bordes, con pequeñas bastas. Estos diseños quedan bien con texturas y tonos del mismo color.

El *jacquard* es un tejido de punto de doble fontura hecho a partir de una ficha perforada o en una máquina electrónica para crear un motivo. Se pueden usar hasta cuatro colores en una misma pasada. Esta técnica permite que las bastas del revés del tejido se puedan tejer, con lo que se crea un tejido reversible.

La textura en la superficie del tejido > Los tejidos de punto con motivo

2

Las fichas perforadas

Trabajar con fichas perforadas es un método rápido de seleccionar las agujas pero los motivos con repetición se tienen que trabajar en papel antes de tejer. Esto se hace realizando primero un esbozo y luego una planificación de mallas en un papel cuadriculado.

Para el diseño, se ha de decidir el tamaño de repetición de las mallas, lo que está limitado por el tamaño de la ficha perforada. Un ancho de 24 agujas es lo normal para una máquina de galga estándar y 30 agujas para una máquina de galga fina. Si se utiliza una máquina de galga gruesa, lo normal es un ancho de 12 agujas.

Un diseño se puede repetir de diversas maneras para formar un motivo total, como la repetición al cuadro, la repetición a la mitad de altura del cuadro o la repetición a la mitad de lado del cuadro. El motivo, una vez preparado, tiene que tener exactamente el número de mallas de ancho. Por ejemplo, si se utiliza una máquina de galga estándar, el ancho del motivo ha de ser un número de mallas divisible exactamente por 24: el motivo puede ser de 2, 3, 4, 6, 8 ó 12 agujas de ancho.

El largo de la repetición puede ser del número de pasadas que se quiera para el diseño, pero limitado por el largo de la ficha perforada, o bien más largo, si se unen varias fichas perforadas. Hay que trabajar primero el motivo repetido antes de rellenar el diseño entero. Dibujar el diseño en el centro del papel cuadriculado con el número de agujas necesario para la repetición del motivo. Luego rellenar las áreas de alrededor, asegurándonos de que las repeticiones casan exactamente. Esto nos dará una idea de cómo quedará el motivo final. En el papel cuadriculado, las líneas curvas han de dibujarse por pasos, alterando ligeramente el diseño. Estas alteraciones se pueden hacer después de tejer la muestra.

Una vez que se ha dibujado el diseño, la lámina de papel cuadriculado se puede traspasar a una ficha perforada o a una ficha Mylar. Las máquinas electrónicas que utilizan fichas Mylar son más flexibles que las máquinas de fichas perforadas estándar. Son capaces de producir motivos y repeticiones mucho más grandes.

1

2

1   Diseño de punto con motivo de Cathrin Evans. La ficha perforada muestra claramente el motivo del tejido.

2   Serie de fichas perforadas con diseño de motivos.

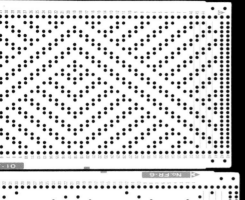

Las cuadrículas de motivo

En un cuadro de tejido de punto hay siempre más pasadas que columnas de mallas, lo que puede hacer que el motivo se aprecie alargado en la ficha perforada. Existen papeles cuadriculados especiales para tejedores que consisten en cuadros más cortos que permiten ver cómo quedarán los diseños finales.

Utilizar una ficha perforada

La posición de la ficha perforada en la fontura es importante. Esto viene predeterminado por la galga de la máquina (estándar, fina o gruesa). Cuando la ficha está en la máquina, se moverá automáticamente una pasada a la vez. Las fichas se pueden unir por arriba y por abajo con clips de plástico para hacer un motivo continuo.

1 En una máquina Brother de galga estándar, empezar el motivo haciendo siete pasadas. En una máquina Knitmaster de galga estándar, tejer una sola pasada.
2 Comenzar con el carro a la izquierda. Insertar la ficha y bloquearla. En el carro, cambiar el botón de selección a la posición KC (*knit card*, ficha de punto).
3 Enhebrar el hilo del color principal en el guía-hilos A, en una máquina Brother, o el guía-hilos 1, en una máquina Knitmaster.
4 Tejer hacia la derecha. Desbloquear la ficha.
5 Seleccionar la leva o levas: el botón *tuck*, para mallas cargadas, el botón *part/slip*, para mallas retenidas, los botones *multicoloured* o *MC* para Fair Isle (T, S y F en una Knitmaster). Enhebrar con el segundo color el guía-hilos B en una máquina Brother, o el guía-hilos 2 en una Knitmaster. Para tejer, seleccionar *plain* o no seleccionar ningún botón y poner los cepillos de tramado en WT.
6 Poner el contador de pasadas a 000. Continuar tejiendo.

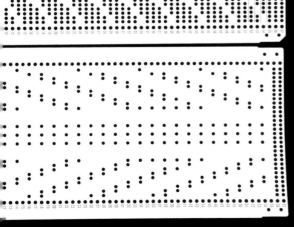

La textura en la superficie del tejido > Los tejidos de punto con motivo

Los motivos con máquinas electrónicas

Las máquinas domésticas de fichas perforadas han evolucionado de las anteriores máquinas de motivos de teclas. Las máquinas informatizadas de hoy tienen capacidad de programa integrado y ofrecen una enorme flexibilidad a los motivos. Las fichas Mylar se pueden utilizar para hacer motivos con repeticiones mayores de los que se pueden conseguir con el método de las fichas perforadas. Estos motivos se pueden repetir, invertir, poner del revés, reflejar la imagen, alargar en largo o doblar en ancho.

Los últimos modelos de máquinas electrónicas, desde la Brother 950i y la 965i en adelante, son compatibles con el programa DesignaKnit para Windows, un programa de diseño asistido por ordenador para prendas de punto. El programa contempla bocetos de patrones de prenda y diseños de transferencia de malla e incluye estudios gráficos para tejedura interactiva y para manipular archivos gráficos, fotografías e imágenes escaneadas. El programa también se puede utilizar para producir láminas para fichas perforadas y para fichas Mylar, así como cuadros para máquinas manuales y para realizar tejidos a mano. Se pueden dibujar motivos de malla a color, con símbolos o ambas cosas, y existe una gran variedad de tipos de texturas de malla para dar una impresión más realista a la pieza acabada.

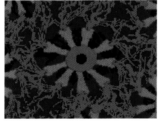

1

Los motivos con las máquinas industriales

Las máquinas industriales controladas por operarios son increíblemente versátiles y ofrecen grandes posibilidades en la estructura y en los motivos. Presentan un sistema de motivos que utiliza una selección de agujas con talón alto y bajo en combinación con levas para malla cargada y malla retenida. Dependiendo de la posición de las palancas, todas las agujas pueden tejer de la manera habitual o las agujas de talón bajo harán malla cargada mientras que las agujas de talón alto harán punto liso. Para la técnica de mallas retenidas se aplica un proceso similar. Los motivos se pueden cambiar en cada pasada, aunque los talones no son intercambiables mientras se teje. Los colores sí se pueden cambiar mientras se teje una pasada. Las agujas de talón alto y bajo sólo se pueden colocar en la fontura delantera, dejando una cara del tejido lisa mientras se crean ondas y rayas en la otra.

Estas máquinas tienen una función de vanisado, que permite que un hilo sea invisible en el exterior de un tejido acanalado. Se pueden utilizar para crear efectos de fantasía cuando las agujas están fuera de trabajo o contienen mallas.

En la actualidad, las máquinas modernas de la industria, como las Shima Seiki y las Stoll, lo hacen todo de manera automática. La selección individual de las agujas se controla electrónicamente para tejer motivos con textura y en color y para dar forma a las prendas. El sistema de diseño de la Shima Seiki SDS-One está basado en el sistema Windows que usa tres programas para tejer: uno para bocetos de patrón, que traza las medidas específicas del patrón de papel para formar la silueta de la prenda (imagen pgm); otro se utiliza para dibujar o escanear el diseño del motivo de la superficie del tejido, como el *jacquard*, y un tercero que crea el motivo de punto, las instrucciones para hacer la estructura, como una malla cargada y la información de la forma de la prenda (imagen con el tejido representado). El conjunto de programas ofrece una visualización del tejido en el cuerpo. También puede ilustrar varios coloridos y crear diseños de hilo.

1–3 Serie de diseños de Amy Dyer usando el sistema de diseño Shima Seiki. La imagen 3 muestra de izquierda a derecha: un dibujo de medidas, una imagen con el tejido representado y una imagen pgm.

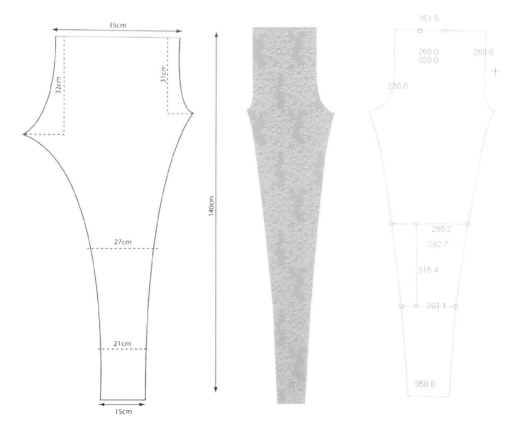

3

La textura en la superficie del tejido > **Los tejidos de punto con motivo**

1

1–3 Diseños de intarsia de Hannah Taylor.
Fotografía de Jojo Ma.

2

3

La intarsia

La intarsia es una técnica que se usa para los motivos en color en los que no hay bastas, ya que cada color se teje por separado en su forma correspondiente. Se pueden tejer muchos colores en una misma pasada y, como no hay bastas, se pueden hacer formas de motivo grandes y llamativas. Existen carros especiales de intarsia para las máquinas más sofisticadas. Hay que empezar siempre con las agujas en posición de intarsia: las lengüetas abiertas y las agujas 1 cm hacia delante. Esto se consigue normalmente con una pasada del carro de intarsia vacío.

La técnica de la intarsia

1   Se necesita un ovillo de hilo para cada forma de motivo. Colocarlos en el suelo delante de la máquina.
2   Poner los cabos de cada hilo de color a través de las lengüetas abiertas de los grupos de agujas, según el orden del motivo en la pasada, poniendo el más corto más cerca del carro y los hilos pasando por debajo de las agujas.
3   Pasar el carro de intarsia a través de las agujas para tejer la pasada. Cada color se tejerá por separado en sus propias agujas.
4   Repetir el procedimiento, colocando manualmente los hilos a través de las agujas en el orden requerido para cada pasada, pasando por debajo de las agujas, como antes.
5   Tejer una pasada y continuar.

La textura en la superficie del tejido > Los tejidos de punto con motivo

"*La moda está muy cerca del cuerpo, no sólo la forma, también el movimiento*".

Hussein Chalayan

1   Vestido *Elizabeth* de Jemma Sykes para la marca étnica Butcher Couture, tejido a mano en lana orgánica.

En el capítulo 4, las muestras de tejido se transforman en piezas tridimensionales. Existe una serie de métodos diferentes de dar forma, como el drapeado y el modelaje en un maniquí para crear siluetas. Se incluyen ejercicios para mostrar cómo planificar formas en el papel (patronaje) y cómo trasladar esas líneas a patrones de punto. En este capítulo ofrecemos una guía a través de la forma de patrones básicos de cuerpo y de mangas, con instrucciones detalladas acerca de las mallas y de las pasadas. Por último, hay una sección que explica cómo crear efectos tridimensionales, como volantes y piezas con vuelo, directamente desde la máquina.

La técnica del punto por partes: los efectos tridimensionales

1 En estas muestras de Natalie
   Osborne se utilizó el punto por partes
   y la técnica de agujas anuladas.
2 Cuadro que muestra un tejido
   de punto en diagonal unido por dos
   colores usando la técnica de agujas
   anuladas.
3 Técnica de agujas anuladas usada
   en combinación con diferentes pesos
   de hilo. Diseño de Juliana Sissons.

El punto por partes se puede usar para crear diversos efectos tridimensionales: texturas de tejidos, superficies construidas y siluetas inusuales; bloques de color en diagonal, paneles de falda con vuelo y formas de hombros ladeadas de manera irregular; también bordes interesantes, como efectos de bucle o efectos de festón.

Se activan las levas. Las agujas de la fontura opuesta al carro se ponen en posición anulada de manera manual. Los grupos de agujas se pueden poner en posición anulada todas a la vez o se pueden poner una por una. Esta técnica permite que el carro pase sobre éstas agujas sin que se tejan las mallas en ellas contenidas. Sin embargo, cuando éstas agujas se pongan de nuevo en posición de trabajo, las mallas se tejerán de la manera habitual. Las agujas que no estén en posición anulada continuarán tejiendo en las pasadas, incrementando el largo. Es importante mantener el peso bajo las agujas que trabajan y moverlo a medida que aumenta el largo del tejido.

1

Motivo de pasada corta

Los diseños basados en líneas diagonales y horizontales permiten el
cambio del tamaño de la malla o del
color dentro de una misma pasada.
Se puede crear un borde inclinado
poniendo agujas en posición anulada
de manera gradual. Una línea de
pequeños agujeros calados aparece-
rá entre las dos partes, lo que puede
realzar el aspecto del diseño. Sin
embargo, esto se puede evitar enrollando el hilo libre bajo la primera aguja anulada cada vez que el carro llega
al lugar donde acaban las agujas en
posición de trabajo.

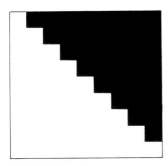

2

3

Tejer una unión diagonal

1 Empezar siempre con el carro en el extremo
opuesto a las agujas que van a estar en posición
anulada. Enhebrar el primer color y hacer
la formación de malla para 60 mallas,
aproximadamente.
2 Tejer varias pasadas de punto liso, terminando
con el carro a la izquierda.
3 Activar las levas. Poner la primera aguja de
la derecha en posición anulada y tejer una
pasada. Poner el hilo libre bajo la aguja anulada
y tejer la siguiente pasada. Poner la segunda
aguja de la derecha en posición anulada y tejer
una pasada. Poner el hilo libre bajo la segunda
aguja anulada y sobre la primera. Tejer la siguiente
pasada. Repetir el proceso hasta que sólo quede
una aguja por tejer. Poner esta aguja en posición
anulada.
4 Desenhebrar el hilo del guía-hilos y llevar el carro
hacia el otro lado (el carro vacío se tiene que
mover hacia el lado de la fontura en el que la
primera aguja dejó de estar en posición anulada).
5 Enhebrar el segundo color. La siguiente parte
se teje volviendo a poner las agujas en posición
de trabajo. Usando una herramienta para
transferir, volver a poner en posición de trabajo
la primera aguja del lado derecho y tejer dos
pasadas. Poner la segunda aguja de la derecha
en posición de trabajo y tejer dos pasadas.
Repetir el proceso hasta que sólo quede una
aguja en posición anulada. Poner esta aguja en
posición de trabajo.

Nota: Cuando se pongan las agujas en posición
anulada, se formarán agujeros calados a lo largo
de la línea diagonal si no se pone cada vez el hilo libre
bajo las agujas anuladas.

Para conseguir variar en la profundidad de ángulo,
experimentar poniendo en posición anulada dos
o tres agujas a la vez o tejiendo más pasadas entre
éstas agujas anuladas. Prueba también a hacer rayas
con diferente color de hilo para que se vea claramente
el motivo de pasada corta.

La técnica del punto por partes: los efectos tridimensionales > Crear formas con vuelo

Los efectos tridimensionales

Se pueden tejer partes de tejido por separado poniendo en posición anulada grupos de agujas a intervalos de tiempo, lo que permite cambiar el color, el tamaño de la malla, etc.

1 Este cuadro muestra un motivo de punto en relieve, empleando grupos de agujas en posición anulada. Las partes del tejido se trabajan por separado, con el resto de agujas en posición anulada. Las agujas anuladas cambian según la parte del tejido que se teja.

2–5 Muestras de punto tridimensional de Victoria Hill.

1

Tejer motivos en relieve

1 Poner grupos de agujas en posición anulada y luego volver a ponerlas en posición de trabajo, bien todas a la vez o de manera gradual, una a una. Repetir el motivo para crear superficies construidas tridimensionales.

2 Se pueden trabajar dos mitades de una pieza de tejido de forma separada, lo que dará como resultado un corte vertical entre las dos mitades que luego pueden ser cosidas juntas o dejarse abiertas según el propósito del diseño (como ojales).

3 Poner en posición anulada todas las agujas de la izquierda y tejer 30 pasadas en la parte derecha. Luego poner en posición anulada todas las agujas de la derecha y tejer 30 pasadas en la parte izquierda. Para ambos conjuntos de agujas se habrán tejido 30 pasadas y puede reanudarse la tejedura de la manera habitual con todas las agujas en posición de trabajo. Si un grupo de agujas se pone en posición anulada durante más tiempo que el otro, tejiendo más pasadas en un lado que en otro, se creará un interesante bucle. Se puede tejer y anular alternativamente bloques de agujas para formar un bucle en todo el tejido, lo que proporcionará nuevos puntos de partida para otros desarrollos de diseño. Cuanto más tiempo están las agujas en posición anulada, mayores serán las partes en relieve.

La técnica del punto por partes: los efectos tridimensionales > Crear formas con vuelo

Crear formas con vuelo

1 Top con volantes en lana enfieltrada de Shelley Fox, otoño/invierno 2000.

2–4 Muestras de Natalie Osborne que muestran formas con vuelo conseguidas utilizando el punto por partes.

La amplitud en las prendas con forma, como los volantes o el vuelo, a menudo se consigue insertando *godets* triangulares. Estos *godets* se pueden tejer en horizontal en cualquier largo o ancho que se necesite. Los volantes pequeños se pueden conseguir tan fácilmente como se consiguen piezas largas con vuelo. Se pueden tejer en continuo utilizando la técnica del punto por partes.

1

Hacer bordes con volantes

1   Empezar con el carro a la derecha. El volante se creará en el borde izquierdo. Enhebrar el hilo y hacer la formación de malla para la cantidad deseada. Tejer 21 pasadas de punto liso, dejando el carro a la izquierda cuando se hayan tejido las pasadas.

2   Activar las levas. Poner todas las agujas de la derecha en posición anulada, separadas de las 20 agujas de la izquierda, esto formará el largo del volante.

3   Hacer dos pasadas. Poner la primera aguja de la derecha en posición anulada y tejer dos pasadas. Poner la segunda aguja de la derecha en posición anulada y tejer dos pasadas. Repetir el proceso hasta que sólo quede una aguja por tejer. Poner esta aguja en posición anulada.

4   Desactivar las levas para continuar tejiendo de la manera habitual. Tejer dos pasadas, dejando el carro a la izquierda cuando se hayan tejido las pasadas.

5   Repetir los pasos 3 y 4 para producir un *godet* triangular, que tendrá pequeños agujeros a lo largo de los bordes.

6   Desactivar las levas para continuar tejiendo de manera habitual. Tejer 21 pasadas de punto liso y dejar el carro a la izquierda cuando se hayan tejido.

7   Repetir el proceso entero desde el principio hasta que se hayan creado suficientes *godets,* que resultarán en un borde con volantes a lo largo de la parte izquierda del tejido.

Se puede experimentar con el largo y el ancho de los *godets* cambiando el número de mallas y de pasadas.

Se puede hacer un singular volante en espiral de esta misma manera, tejiendo sólo el largo del *godet* y repitiendo el proceso para crear una forma circular. Si se continúa tejiendo, se creará un volante en espiral.

2

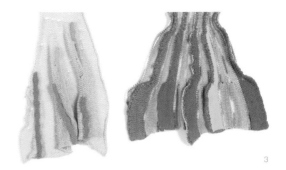

3

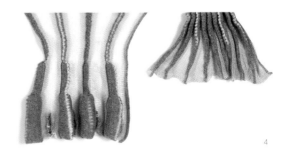

4

5

La técnica del punto por partes: los efectos tridimensionales > **Crear formas con vuelo** > Aumentar y menguar

Las faldas con vuelo

1   Ilustración que muestra un panel de una falda con dos *godets* insertados.

2   Capa con vuelo de Dulcie Wanless. Éste es un buen ejemplo del uso de *godets* para dar vuelo y forma.

Las faldas con vuelo se pueden tejer de forma lateral utilizando la técnica de los bordes con volantes (véase la página anterior). Se pueden tejer en una pieza continua. Por ejemplo, para hacer una falda de 66 cm de cintura, y habría que dividir esta medida entre el número de paneles deseados. Si se desean seis paneles (66 cm dividido entre 6 = 11 cm), cada panel ha de medir 11 cm de ancho en la cinturilla.

1   Tejer una muestra de tensión para calcular el número de pasadas para un ancho de 11 cm.

2   Hacer la formación de malla del número de mallas que necesita el largo de la falda (esto se puede calcular a partir de la muestra de tensión). El largo de la falda estará limitado por el largo de la fontura de la máquina. Hay que recordar que se tejerá de manera lateral. Tejer las pasadas suficientes para una medida de 5,5 cm (medio panel).

3   Activar las levas. Añadir un *godet* del largo de la falda. El ancho del *godet* dependerá de la cantidad de agujas que se pongan en posición anulada cada vez y de la cantidad de pasadas que se tejan en cada intervalo. Por ejemplo, una aguja en posición anulada cada dos pasadas creará un *godet* más extenso que cinco agujas en la misma posición, cada dos pasadas. De igual modo, tejer cinco pasadas en cada intervalo también creará un *godet* más extenso que tejer dos.

4   Desactivar las levas y tejer de la manera habitual. Tejer la otra mitad del panel con las pasadas necesarias para que mida 5,5 cm. Este proceso completa un panel.

5   Repetir el proceso otras cinco veces. La cinturilla terminará midiendo 66 cm y el bajo tendrá vuelo.

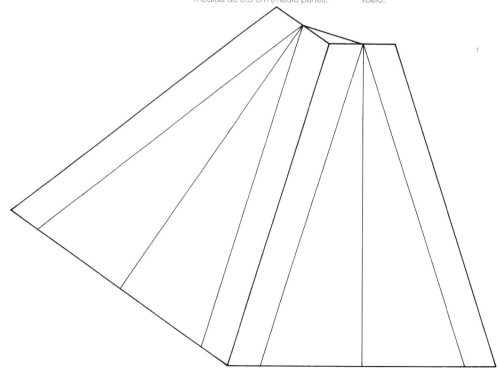

1

2

Aumentar y menguar

1   Técnica del menguado donde se indica el menguado (izquierda) y el aumento (derecha).
2   Vestido asimétrico de Juliana Sissons, que usa la técnica del punto por partes y muestra menguados. Fotografía de David Wilsdon.

Se puede transferir una sola aguja o muchas agujas en un mismo movimiento usando la herramienta para transferir. Este movimiento aumenta o mengua el número total de mallas que se tejen. La operación de dar forma se utiliza para crear los bordes de contorno o para formar pinzas dentro del cuerpo de punto.

Dar forma mediante el menguado implica transferir grupos de mallas en el borde del tejido. Cuando se mengua o se estrecha la forma, se mueve un grupo de mallas de una vez. La malla del grupo que está más hacia el interior se coloca encima de la malla contigua, perdiéndose así una aguja en el borde. Hay que recordar poner esta aguja en posición de fuera de trabajo para evitar que trabaje en la pasada siguiente. También es posible mover las mallas dos o tres agujas a través, perdiendo dos o tres agujas en el borde. Repetir esta acción a lo largo del borde exterior crea una línea, clara característica de los menguados.

Cuando se aumentan mallas hacia fuera haciendo la pieza de punto más ancha, se crea un espacio junto a las agujas más hacia el interior del grupo que se mueve que deja unos agujeros en el punto. Tejer de esta manera formará una línea de agujeros en el borde. Estos pueden convertirse en parte del diseño o bien se pueden rellenar moviendo una malla a la aguja vacía de la pasada anterior. Para aumentar más de una malla a la vez hay que poner el número de agujas deseado en posición de trabajo y hacer la formación de malla usando el método de envoltura en "e".

Estas transferencias se utilizan también para crear diseños de calados como adornos. Cuando se usa la transferencia en una sola malla, la malla se puede colocar encima de la malla de la aguja contigua, para que se tejan juntas en la siguiente pasada. O bien se puede colocar en la aguja vacía del contorno del tejido, formando un calado cuando se tejan las dos pasadas siguientes.

Nota: si la aguja vacía se pone en posición de fuera de trabajo se formará un punto corrido.

En una máquina de doble fontura es posible transferir mallas de una fontura a otra utilizando una aguja de jareta, que tiene un agujero en cada extremo, lo que hace más fácil la transferencia de malla de una fontura a otra.

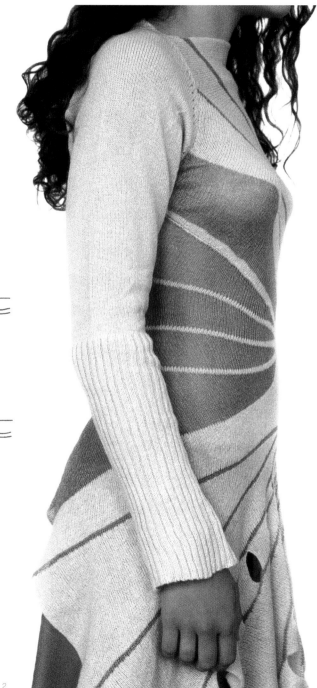

1

2

Menguar mediante mallas anuladas

Se puede dar forma a los hombros y a otros ángulos poco inclinados mediante la técnica de agujas anuladas (punto por partes). Las levas se tienen que activar y a cada hombro se le da forma por turnos. El carro tiene que estar en el lado opuesto al hombro al que se le va a dar forma. Las agujas se ponen en posición anulada gradualmente, trabajando desde el borde del contorno (por ejemplo, dos agujas cada dos pasadas) hasta que la forma esté terminada. Cada hombro se puede terminar por separado de la manera habitual.

1   Prenda de punto de Juliana Sissons. Se han aplicado pinzas y menguados a los paneles del cuerpo para dar forma. Se ha utilizado la técnica de agujas anuladas para crear diferentes cortes y paneles circulares en la cadera.

Dar forma a una pinza vertical

Las pinzas verticales se pueden encontrar en el cuerpo de una prenda, como en un escote con forma o en una falda.

1   Enhebrar la máquina y hacer la formación de malla con la cantidad de agujas deseadas. Tejer varias pasadas.
2   Transferir la malla central a la aguja contigua izquierda dejando una aguja vacía en medio.
3   Con una herramienta para transferir, mover las tres mallas siguientes de la derecha, en un espacio, hacia la izquierda. Repetir esta acción hasta que todas las mallas de la derecha se hayan transferido a la izquierda. Esto dejará una aguja vacía en la derecha. Poner esta aguja en posición de fuera de trabajo.
4   Repetir el proceso cada cuatro o cinco pasadas hasta que se haya completado la forma deseada. Se puede hacer más de una pinza al mismo tiempo. Para esto es útil emplear una herramienta para transferir múltiple y ajustable.

Dar forma a una pinza horizontal

1   Enhebrar la máquina y hacer la formación de malla con la cantidad de agujas deseadas. Tejer varias pasadas, dejando el carro a la derecha una vez hechas.
2   Activar las levas. Poner las primeras dos agujas de la izquierda en posición anulada y tejer dos pasadas. Continuar hasta que estén en posición anulada 20 agujas, dejando el carro a la derecha.
3   Desactivar las levas y continuar tejiendo de la manera habitual. El ancho y el largo de la pinza resultante dependerán del número de agujas en posición anulada y del número de pasadas tejidas.

Drapear y dar forma

1   Patronaje plano en papel de topos
    y cruces.
2   Bases de cuerpo básico de cartón.

El maniquí tiene un papel importante en el proceso de dar forma, puesto que los patrones y las piezas tejidas se prueban en él. Para obtener resultados visuales más rápidos, los patrones pueden moldearse directamente sobre el maniquí, sin necesidad de usar borradores de papel. Los principiantes suelen preferir este método de patronaje. Sin embargo, se consiguen mejores resultados con una combinación de patronaje plano y modelaje sobre el maniquí, y es importante conocer y comprender ambos sistemas.

1

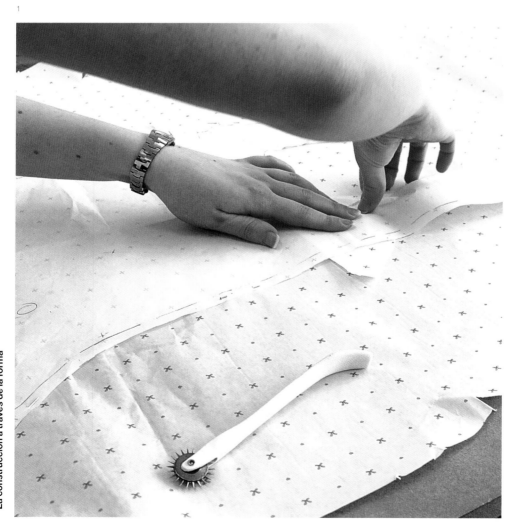

Los patrones base

En el patronaje plano, se hace un borrador de patrón base para probarlo en un maniquí de talla estándar. Los diseñadores utilizan el patrón base como referencia para nuevos modelos, pliegues, jaretas, *godets* y fruncidos. Se puede adaptar a muchas variaciones de diseño conservando su talla y su ajuste originales.

Existen diferentes tipos de prendas que necesitan patrones base específicos como, por ejemplo, un cuerpo sin pinzas y una prenda exterior, que tienen más amplitud que un patrón base ajustado, son más apropiados para chaquetas o abrigos y se pueden adaptar para que tengan un mejor *fitting*. La amplitud en los patrones base de vestidos puede ser menor para hacerlos adecuados a modelos de lencería. Las bases elásticas tienen un ajuste más estrecho y pueden ser un buen punto de partida para ciertos diseños de prendas de punto. (Véase cómo hacer un patrón base en la página 122.)

Los patrones para punto

Los patrones base de cuerpo que se utilizan para tejidos de punto son diferentes de los que se usan para los tejidos de plana. No tienen pinzas, son ligeramente más estrechos y, debido a la naturaleza elástica del tejido, no se les da ancho de costura. Cada diseñador o empresa usa patrones base adaptados a su estilo particular.

Después de haber desarrollado el patrón base en un patrón de diseño se puede calcular el patrón para punto. El patrón contiene el número de mallas y pasadas en cada parte, calculado tomando todas las medidas horizontales y verticales en el patrón y utilizando también las muestras de tensión.

Las muestras tejidas y las pruebas de partes de prenda se pueden utilizar para tantear la elasticidad del punto frente a la elasticidad de la glasilla. Las piezas de punto probablemente varían respecto a las piezas de glasilla y han de ser ajustadas, normalmente mediante pruebas de ensayo y error, hasta que se consigue el *fitting* perfecto. (Véase cómo hacer un patrón para punto en la página 123.)

Las muestras tejidas

Para los diseños de punto, los patrones acabados se hacen en glasilla de punto liso. La glasilla se utiliza para comprobar las líneas del diseño, las proporciones y el *fitting* antes de hacer el diseño en el tejido final o antes de desarrollar el patrón para punto. Después de realizar la primera muestra de prenda, el diseño está listo para enseñarlo a los compradores y, si se hacen pedidos, el patrón se escala en las tallas que se necesiten. La institución británica de estándares publica tablas de talla que los fabricantes utilizan como guía para escalar a partir de su talla estándar.

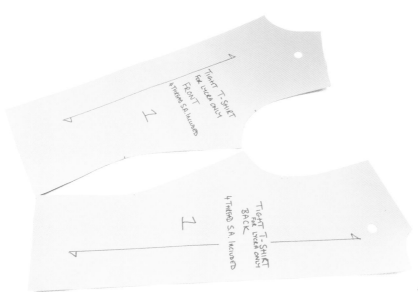

Usar el maniquí

Modelar sobre un maniquí aporta cierta libertad y espontaneidad en el diseño tridimensional. Se pueden coger con alfileres tejidos ligeros de punto liso para dar amplitud y crear formas desbocadas y drapeados. Se pueden envolver grandes formas tejidas alrededor del maniquí para crear interesantes líneas de costura al hilo y, con glasillas de punto liso, moldear los espacios negativos para crear formas de patrón en las partes vacías.

Es importante hacer los diseños legibles, de manera que se puedan pasar a patrones. Todas las marcas horizontales y verticales hechas sobre el maniquí se han de dibujar en la glasilla, como el centro delantero, el centro espalda y las costuras laterales, así como el pecho, el busto, las sisas y las líneas de cintura y de cadera. Todas las pinzas, las jaretas, los plie-gues y las líneas de doblez han de marcarse también cuidadosamente junto al aplomo. Las notas de casado, como "punto A, con A" y "B con B", son especialmente útiles cuando se trabaja con diseños drapeados complejos.

Después de completar el diseño sobre el maniquí, se tienen que comprobar las medidas y hacerlas exactas. Todas las costuras laterales y las líneas de clavado, ya sean rectas o curvas, se tienen que casar en largo. Esto es difícil de conseguir poniendo únicamente alfileres en el maniquí.

Nota: Hay que drapear solamente con glasilla de peso y grosor similar al del tejido final con el que el diseño se hará.

Rellenar el maniquí
Los maniquíes se pueden rellenar para obtener diferentes medidas. Esto es útil cuando se trabaja para clientes individuales, sobre todo si las figuras son irregulares en algún sentido. Las pequeñas diferencias se rellenan con guata y se sujetan con tiras de calicó. Para modificaciones mayores, se hace un cuerpo base de calicó a partir del borrador de un patrón de la talla que se necesita. El maniquí se rellena con pequeñas capas de guata y se construye de forma gradual hasta conseguir el *fitting* de la glasilla. El grosor se escala alrededor del busto usando tiras de calicó para mantener la guata en el lugar necesario y la glasilla se prueba por encima.

Los escotes drapeados

Los escotes drapeados se crean insertando formas triangulares similares a los *godets*. Sobre un patrón base de cuerpo básico se puede hacer un escote en V (también llamado escote pico), a una distancia de entre 1 y 3 cm desde el borde del cuello. La forma triangular se prepara en un papel aparte. El contorno ha de tener el mismo largo que el borde del escote. La línea de centro del triángulo se corta hacia abajo hasta la punta y se gira abierta. Después, se redibuja el patrón a lo largo del borde superior para incluir la forma completa. El ancho del borde superior dará la profundidad del drapeado delantero en el escote. Experimenta con esta técnica básica para conseguir diferentes largos y amplitudes de drapeado. También se puede drapear con glasilla de punto liso directamente sobre el maniquí para un resultado visual rápido.

Otra manera de conseguir un efecto de escote drapeado es tejer el cuerpo en vertical usando la técnica del punto por partes (véase la página 102). Primero se ha de decidir la profundidad y el ancho de la parte superior del triángulo para conseguir la forma y el tamaño del drapeado y luego calcular el patrón anulando el número de agujas necesario y haciendo las pasadas necesarias.

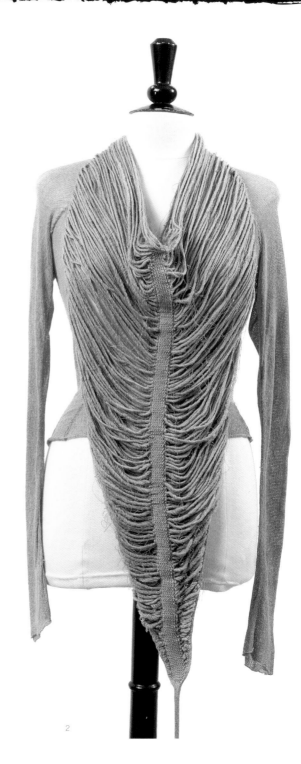

1   Las glasillas de punto liso se pueden coger con alfileres en puntos concretos para hacer un escote drapeado.

2   Diseño de Juliana Sissons con técnica de puntos corridos. Se han utilizado hilos finos de lino en combinación con acrílico suave con mucho cuerpo.

2

El cuerpo básico

Sólo se trabaja un lado del maniquí a menos que se desarrolle un diseño asimétrico, en tal caso, se trabajan ambos lados.

1   Preparar una pieza de glasilla 10 cm más larga que el largo espalda y con un ancho suficiente para cubrir la mitad de la espalda.
2   Marcar el recto hilo en el centro espalda, a unos 5 cm por encima del escote y a unos 5 cm por debajo de la línea de cintura.
3   Mantener el tejido recto a lo ancho de la espalda sobre la sisa y marcar sobre el punto de sisa.
4   Trabajar desde el cuello del centro espalda, cortando y marcando poco a poco las líneas de *fitting* del cuello, del hombro y de la sisa.
5   Si se utiliza un tejido elástico, trabajar hacia fuera desde el centro espalda para suavizar la amplitud en la cintura espalda. Marcar las líneas laterales y la línea de cintura. Coger con alfileres y cortar el tejido sobrante, dejando unos 2 cm para el dobladillo.
    Si se utiliza una glasilla de calicó, mantener el recto hilo, marcar las líneas laterales y coger con alfileres. Marcar la pinza desde la línea de cintura donde el pliegue de tejido aparece. Marcar la línea de cintura y cortar el tejido sobrante, dejando unos 2 cm para el dobladillo.
6   Para el delantero, preparar una glasilla de la misma manera que para la espalda. Marcar el recto hilo en el centro delantero, a unos 5 cm por encima del escote y a unos 5 cm por debajo de la línea de cintura.
7   Mantener el tejido recto sobre el ancho de la línea de busto y marcar sobre el punto de sisa, manteniendo el recto hilo.
8   Trabajar el escote y el hombro, coger con alfileres, marcar y cortar el exceso de tejido, casando con el hombro espalda. Si se utiliza un tejido elástico, trabajar desde el centro delantero hacia fuera para suavizar la amplitud en el hombro y en la sisa. Marcar y coger con alfileres. Si se utiliza una glasilla de calicó, mantener el recto hilo, marcar y coger con alfileres una pinza en el centro del hombro hacia el punto de busto. Suavizar la sisa, marcar y coger con alfileres.
9   Ajustar y coger con alfileres la parte baja del brazo hacia la costura lateral espalda. Si se utiliza un tejido elástico, trabajar desde el centro delantero para suavizar la amplitud tanto como sea posible en la costura lateral para evitar que se cree una pinza en la cintura. Marcar y coger con alfileres la costura lateral y la línea de cintura. Cortar el sobrante de tejido, dejando unos 2 cm para el dobladillo. Si se utiliza una glasilla de calicó, coger con alfileres la parte baja del brazo hacia la costura lateral, coger con alfileres y marcar una pinza en la línea de cintura, donde el pliegue de tejido aparece. Coger con alfileres y marcar la línea de cintura. Cortar el tejido sobrante, dejando unos 2 cm para el dobladillo.

1–4   La glasilla de punto liso se ha cogido con alfileres por la línea de centro delantero. Se ha suavizado el hombro y se ha cortado bajo la sisa. Luego, se han cortado el cuello y la sisa para crear la forma del cuerpo.

1

2

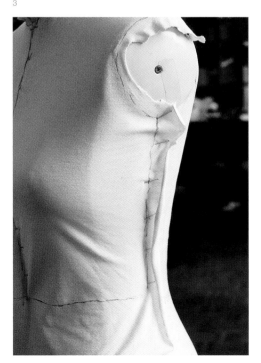

3

4

Aumentar y menguar > **Drapear y dar forma** > Crear un patrón para tejidos de punto

Crear un patrón para tejidos de punto

1–3   Selección de patrones de punto
vintage.

Existen numerosas cuestiones que considerar antes de empezar un patrón. Cuando se es principiante lo mejor es trabajar una prenda sencilla que no implique mucho modelaje. Los canalés, como los dobladillos, los puños, los escotes, etc., han de ser elásticos y deben ajustar la prenda al cuerpo. Para calcular el número de mallas que se necesitan para hacer un canalé, hay que calcular el ancho de la parte de la prenda a la que está unido. Cuando se teje el canalé a este borde, automáticamente quedará sujeto al tejido y hará que se ajuste al cuerpo.

La elasticidad es diferente en cada pieza tejida, dependiendo del hilo, de la tensión y de la técnica de punto usada. El punto de partida es la muestra de tensión. Es conveniente tejer varias muestras de tensión hasta que se consiga el *look* y tacto deseados del tejido.

Un esbozo de la prenda ayudará a calcular el patrón de punto. Este dibujo no tiene por qué estar a escala, pero ha de aportar todas las medidas de anchos y de largos. Hay que añadir unos 5 cm de más en el ancho para dar amplitud, a menos que el diseño sea ajustado, en tal caso, hay que dar menos amplitud.

Las medidas

Cuando sea posible, es aconsejable tomar las medidas del cuerpo de la persona para la que se va a tejer, a menos que se vayan a hacer prendas de tallas estándar.

Las siguientes medidas son las necesarias para una base de cuerpo básico:

- Pecho: medir alrededor de la parte más amplia del busto (medida estándar, 88 cm).
- De la nuca a la cintura: medir desde el hueso del cuello en la espalda a la línea de cintura natural. Se puede añadir más largo si se desea (medida estándar, 40 cm).
- Profundidad de sisa: medir desde el punto de hombro al punto de sisa en la costura lateral. Esta medida puede variar en función del largo deseado (medida estándar, 21 cm).
- Cuello: medir alrededor de la base del cuello (medida estándar, 37 cm).
- Hombro: medir desde la base del cuello al punto de hombro (medida estándar, 12,5 cm).
- Ancho espalda: medir el ancho de la espalda desde el punto de sisa (medida estándar, 34,5 cm).
- Largo de manga: medir desde el punto de hombro a la muñeca, con el brazo ligeramente doblado (medida estándar, 58,5 cm).
- Ancho de manga: medir alrededor de la parte más amplia de la parte superior del brazo. Esta medida puede variar en función del efecto deseado (medida estándar, 28,5 cm).
- Muñeca: Hay que asegurarse de que la medida de muñeca permite el paso del puño cerrado (medida estándar, 18 cm).

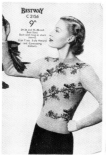

2

3

Drapear y dar forma > Crear un patrón para tejidos de punto

Base básica con manga montada clásica

Montar una base elástica estándar con las medidas de la página 121. Se puede añadir más amplitud en el pecho y en la profundidad de sisa si se necesita y 5 cm o más en la medida de ancho de manga. Para una prenda más ajustada y de mayor sisa hay que usar una profundidad de sisa más corta (de entre 2 y 3 cm).

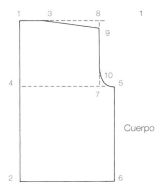

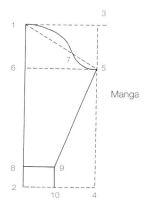

1   Guía de patrón sencillo para base con manga montada clásica.

2–3 Patrón sencillo de cuerpo de punto y de manga básicos con amplitud dada. Ambos incluyen tanto medidas como cálculo de mallas y pasadas.

4   Esta imagen del escote delantero muestras las mallas y las pasadas usadas en una muestra de tensión de 3 mallas y 4 pasadas, en 1 cm.

Cuerpo delantero y cuerpo espalda

1   1-2 De la nuca a la cintura. Escuadrar desde el punto 1 al 2.
2   1-3 Un quinto de la medida de cuello.
3   1-4 Profundidad de sisa más bajada de hombro (por ejemplo, 3 cm).
4   4-5 Escuadrar un cuarto de la medida de pecho.
5   5-6 Escuadrar hacia abajo al punto 6 para encontrar la línea del punto 2.
6   4-7 La mitad de la medida del ancho espalda.
7   7-8 Escuadrar hacia arriba desde el punto 7 para encontrar la línea del punto 1.
8   8-9 Profundidad de la bajada de hombro (por ejemplo, 3 cm). Unir los puntos 3 y 9.
9   5-10 Dibujar la curva, de aproximadamente 3 cm, tocando la línea del punto 4. La mitad del cuerpo espalda está listo.
10 Dibujar el escote delantero encima del cuerpo espalda desde el punto 3, según se necesite. Hay que asegurarse de que las medidas de cuello delantero y espalda no sean menos de la mitad del tamaño del cuello.
11 Trazar el cuerpo con el escote delantero para conseguir dos piezas de patrón separadas: la mitad del cuerpo delantero y la mitad del cuerpo espalda.

La manga montada
1   1-2 Largo de manga. Escuadrar desde el punto 1 al 2.
2   1-3 Mitad de la medida de ancho de manga. Escuadrar hacia abajo para encontrar la línea del punto 2.
3   1-5 Dibujar una línea desde el punto 1, que es la medida de la profundidad de sisa, para tocar la línea de los puntos 3 y 4.
4   5-6 Escuadrar desde el punto 5 al 6, en la línea de los puntos 1 y 2.
5   5-7 Un tercio del largo del punto 5 hacia el 1; usar este punto para dar la curva de la copa de la manga.
6   5-1 Dibujar la curva, de aproximadamente 3 cm, tocando la línea del punto 6, a través del punto 7 y terminando en el punto 1. Hay que asegurarse de que el largo de la copa de la manga tiene la misma medida que la sisa del cuerpo, es posible que se tenga que ajustar la curva para conseguir la medida correcta.
7   2-8 Profundidad de puño. Esta medida dependerá del diseño.
8   9-10 Escuadrar hacia abajo, hacia la línea de los puntos 2 y 4. Unir los puntos 9 y 5.
9   La mitad de la manga está lista. La otra mitad se refleja desde la línea de mitad de largo de manga.
10 Una vez que se han preparado las bases del cuerpo y de la manga, se añade 1 cm de ancho de costura a todos los bordes exteriores. Hay que hacer una glasilla en punto liso para comprobar las medidas y las proporciones. En este punto, el ancho de la cintura puede estrecharse y ajustarse por las costuras laterales.

Patrón de punto para una base básica

Con este patrón de cuerpo sencillo se pretende ilustrar el principio general del cálculo de mallas y pasadas para un patrón de punto. La forma es sólo un punto de partida y se puede adaptar para variar el diseño. Los hombros se pueden bajar. Se puede dar forma a la copa de la manga y a la sisa. Los escotes se pueden variar.

Todas las medidas de anchos y de largos están escritas en el dibujo de la prenda. Esta forma sencilla muestra los cuerpos delantero y espalda y una manga cuadrada. La medida de la copa de la manga es el doble de la medida de profundidad de sisa (por ejemplo, 19 × 2 = 38 cm). En este ejemplo se ha utilizado una profundidad de cuello delantero de unos 10 cm. El cuello espalda es recto.

El siguiente paso es trabajar el patrón de punto usando las medidas de la muestra de tensión cuadrada. En este ejemplo se han utilizado unas medidas de tensión de 3 mallas y 4 pasadas, en 1 cm.

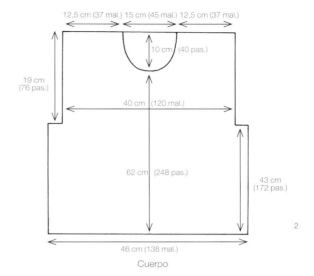

Cuerpo

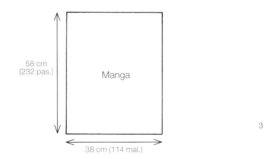

Manga

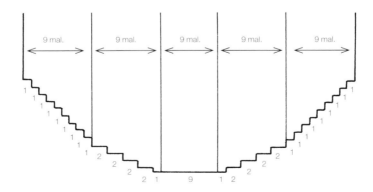

Tejer el patrón

1   Hacer la formación de malla con 138 agujas.
2   Tejer 172 pasadas.
3   Acabar 9 mallas de cada lado.
4   Tejer 36 pasadas. El escote delantero se empezará a tejer a partir de esta pasada. Si se teje la espalda, continuar 40 pasadas más y acabar.
5   Escote delantero: dividir el ancho del cuello (45 mallas) en cinco partes iguales (9 mallas).
6   Poner el carro a la derecha (120 mallas en la fontura).
7   Poner en posición anulada 61 agujas en la parte izquierda.
8   Poner en posición anulada 5 agujas a la derecha de la parte central. Tejer dos pasadas.
9   Poner en posición anulada 2 agujas a la derecha de la parte central. Tejer dos pasadas.
10 Poner en posición anulada 1 aguja a la derecha de la parte central. Tejer dos pasadas. Repetir 8 veces.
11 Tejer 12 pasadas de la manera normal.
12 Acabar el hombro derecho. Ha de tener 37,5 mallas, pero como no es posible hacer media malla hacer 38 o 37 mallas por hombro.
13 Poner las 61 mallas de la parte izquierda en posición de trabajo usando una herramienta para transferir.
14 Volver a enhebrar el hilo y poner el carro a la izquierda de la fontura.
15 Poner en posición anulada 6 agujas a la izquierda de la parte central. Tejer dos pasadas.
16 Poner en posición anulada 2 agujas a la izquierda de la parte central. Tejer dos pasadas. Repetir 3 veces.
17 Poner en posición anulada 1 aguja a la izquierda de la parte central. Tejer dos pasadas. Repetir 8 veces.
18 Tejer 12 pasadas de la manera normal.
19 Acabar el hombro izquierdo.
20 Poner todas las agujas en posición de trabajo con una herramienta para transferir y acabar las mallas que queden.
21 Manga: hacer la formación de malla con 114 mallas y tejer 232 pasadas. Acabar.

1–2   Diseños de Natalie Osborne que muestran diferentes modelos de escotes.

Cálculo de las mallas y las pasadas

Calcular las mallas y las pasadas es muy importante para hacer una prenda. A menudo se necesita dar forma con líneas diagonales o inclinadas, como en los escotes, en los hombros, en las sisas y en las mangas. Básicamente, todas las piezas con forma se calculan de la misma manera: dividiendo el número de mallas que hay que menguar entre el número de pasadas que se han de tejer. Esto dará el número de pasadas que se deben tejer entre cada menguado.

Dar forma al escote

La mayoría de los escotes se trabajan de manera similar; a menudo con la técnica de punto por partes, en la mitad del tejido, tejiendo ambos lados para darles forma de manera separada. Mientras se trabaja un lado, el otro está en posición anulada. También se puede tejer primero con hilo alternativo el lado al que no se le va a dar forma: esto hace que esa parte del tejido no evolucione durante un rato y puede ser útil cuando se trabaja sobre todo con hilos finos porque evita que el carro se deslice tantas veces sobre las agujas en posición anulada. Uno de los modelos más sencillos es el escote cuadrado, en el que las mallas centrales se acaban fácilmente y cada lado se teje separadamente de la manera normal.

Para hacer un escote redondo, se ha de comprobar que las medidas generales sean correctas. Si no lo son, la forma tendrá que ser ajustada. El escote espalda a menudo se puede tejer de la manera normal, pero para tejidos más finos es mejor tener una ligera curva. El escote redondo se puede convertir en escote en V de manera fácil, dibujando la línea hacia abajo desde el punto de escote hacia la línea de centro delantero. Ambos modelos de escotes son apropiados para diversos diseños de cuello para unir en el cuerpo (véanse cuellos y tiras de cuello en la página 132).

Abreviatura
Malla(s) = mal.

Cuando se teje un escote en V se tienen que poner en posición anulada la mitad de las agujas del lado opuesto al carro, para que no tejan. Para tejer en V han de ponerse en posición anulada el número de agujas necesarias en pasadas alternas o según los cálculos de patrón. Se continúa de esta manera hasta que sólo tengamos en posición de trabajo el número de agujas necesarias para el hombro. Después de completar un lado y de acabar el hombro se puede trabajar el otro lado.

Drapear y dar forma > **Crear un patrón para tejidos de punto**

Dar forma al hombro

Una manga montada debe tener una línea de hombro inclinada. A los hombros se les da la forma poniendo agujas en posición anulada, en pasadas alternas desde el borde de la sisa, en el lado opuesto del carro.

Para calcular la inclinación del hombro, hay que dibujar una línea horizontal en el patrón de papel desde el exterior, en el punto bajo del hombro, hacia el cuello. Luego, una línea vertical desde aquí que toque el borde del cuello. La línea vertical nos dará la medida de la inclinación y el número de pasadas que se han de tejer. La horizontal nos dará el largo del hombro y el número de mallas que han de ponerse en posición anulada. Hay que dividir el número de pasadas entre el número de mallas para calcular el número de agujas que hay que poner en posición anulada, en pasadas alternas. Cuando la forma se ha completado, las agujas en posición anulada se vuelven a poner en posición de trabajo con una herramienta para transferir. Se puede tejer una pasada antes de acabar. Si la costura se va a remallar después, se ha de terminar de tejer con hilo alternativo.

Un hombro recto o bien caído no necesita forma. A menudo, las líneas de cuello y de hombro se tejen en una con la espalda. Para un escote inclinado, el escote delantero se puede tejer también en uno con la línea de hombro.

Dar forma a la sisa

Para tejer una sisa, se necesita calcular cuántas agujas menguar y cuántas pasadas se han de dar para disminuir el número de mallas.

Para menguar hacia dentro 5 cm en una altura de 8 cm, primero hemos de tener en cuenta la muestra de tensión. En el siguiente ejemplo hay 3,7 pasadas y 3,3 mallas en un cuadrado de 1 cm:

8 cm × 3,7 = 29,6 (30 pasadas, aproximadamente)

5 cm × 3,3 = 16,5 (16 mallas, aproximadamente)

30 dividido entre 16 = 1,87 (2 pasadas aproximadamente)

Se necesita menguar 16 mallas en 30 pasadas. Por lo tanto, una malla se puede menguar hacia dentro cada 2 pasadas, en 30 pasadas, antes de seguir tejiendo de la manera normal.

Hay que recordar dar forma a ambos lados al mismo tiempo para conseguir una forma simétrica, pero también hay que tener en cuenta que el punto es flexible, por lo tanto, redondear los cálculos facilita el trabajo sin alterar la forma deseada.

Para una forma de sisa más redonda hay que intentar acabar unas cuantas mallas al principio del proceso de dar forma. Hay que alternar este proceso de una sisa a la otra, puesto que el carro debe empezar en el mismo lado de la sisa que se está menguando. Por lo tanto, la sisa de la derecha se empezará con la primera pasada y la sisa de la izquierda, en la siguiente.

1 Imagen de un cuerpo recto y una sisa con forma.
2 Detalle de sisa con forma y con canalé aplicado de Amy Dyer.

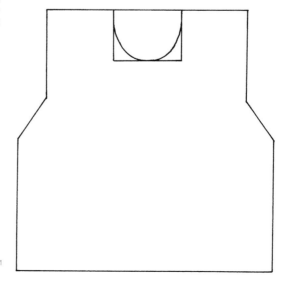

1

2

Sisa sencilla

1 Acabar 5 mallas en el lado de la sisa.
2 Tejer 2 pasadas y menguar 2 mallas en el lado de la sisa.
3 Tejer 2 pasadas más y menguar 2 mallas en el lado de la sisa.
4 Tejer 2 pasadas y menguar 1 malla en el lado de la sisa. Repetir 3 veces.
5 Tejer 6 pasadas y menguar 1 malla. Repetir.
6 Esto nos da una forma de sisa de aproximadamente 5 cm (15 mallas y 24 pasadas). Tejer de la manera normal hasta el punto de hombro y acabar.

El patrón de la manga

La copa de la manga ha de coincidir con la forma de la sisa para que se ajuste correctamente. Una sisa cuadrada o con corte necesitará una manga con forma rectangular. Una sisa con forma necesitará que la copa de la manga tenga forma. Todos los patrones de manga se pueden adaptar para hacerlos rectos, estrechos o con vuelo.

1 Patrón de manga con ejemplo de tensión de 4 pasadas y 3 mallas en un cuadrado de 1 cm.

2 Copa de una manga con ejemplo de tensión de 4 pasadas y 3 mallas en un cuadrado de 1 cm.

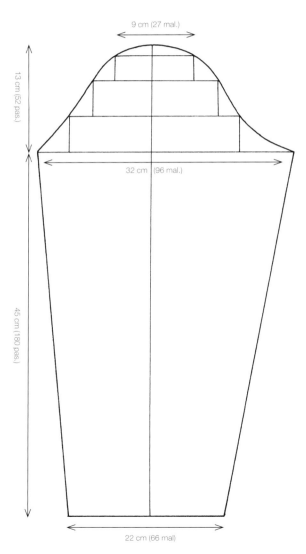

9 cm (27 mal.)

13 cm (52 pas.)

32 cm (96 mal.)

45 cm (180 pas.)

1

22 cm (66 mal)

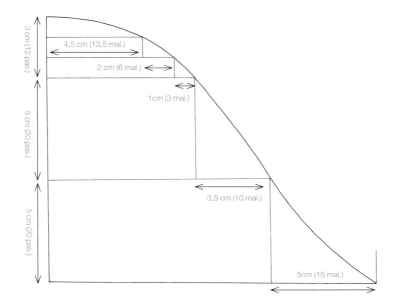

3 cm (12 pas.)

4,5 cm (13,5 mal.)

2 cm (6 mal.)

1cm (3 mal.)

5 cm (20 pas.)

3,5 cm (10 mal.)

5 cm (20 pas.)

2

5cm (15 mal.)

El patrón de la manga

La muestra de tensión para este ejercicio es de 4 pasadas y 3 mallas en un cuadrado de 1 cm, con relación a las imágenes 1 y 2.

1 Dibujar una línea en el centro del patrón de la manga y marcar las medidas horizontales y verticales.

2 Dividir la copa de la manga en partes, según la curva de la copa. Esto hará que sea más fácil dar la forma (véase imagen 1).

3 Calcular el número de pasadas y de mallas para cada medida (véase imagen 2).

4 Hacer la formación de malla con 66 mallas. Tejer 180 pasadas, aumentar 1 malla a cada lado cada 12 pasadas (calculadas como sigue: 30 mallas de más, 15 en cada lado; 180 dividido entre 15 = 12).

5 Aplicar las siguientes instrucciones a ambos lados de la manga: para empezar la copa de la manga se han de menguar 15 mallas en 20 pasadas (20 dividido entre 15 = 1,3). No se puede menguar cada 1,3 pasadas, por lo tanto, en este caso, acabar 5 mallas y entonces menguar 1 malla cada 2 pasadas. También se puede menguar 1 malla en cada pasada durante las 10 primeras pasadas, y menguar después 1 malla cada 2 pasadas en las 10 pasadas finales.

6 Para la siguiente parte de la copa, menguar 10 mallas en 20 pasadas (20 dividido entre 10 = 2). Menguar 1 malla cada 2 pasadas.

7 Dividir la parte final de la copa en tres partes de 1 cm. Menguar 3 mallas cada 4 pasadas en la primera parte. Tejer 1 pasada y menguar, luego, 1 malla cada pasada, durante 3 pasadas.

8 Menguar 6 mallas en 4 pasadas en la segunda parte. Menguar 1 malla cada 2 pasadas y luego 2 mallas en cada pasada durante 2 pasadas.

9 Menguar 13 mallas en 4 pasadas en la tercera parte. Una manera de hacer esto es menguar 3 mallas cada pasada durante 3 pasadas y luego acabar las 4 mallas finales. La parte final que queda para dar forma se puede conseguir poniendo las agujas en posición anulada y luego acabarla. Si se está menguando más de dos mallas a la vez, es más fácil acabar estas mallas en lugar de menguarlas.

> *"Junto con todas las rayas de rosa y azul, inserta dulces pensamientos que también puedas tejer, por encima y por debajo, de pies a cabeza, colócalos con presteza y téjelos fielmente".*
>
> L. Glaiser Foster

1   Collar de Elinor Voytal. Elinor utiliza piezas de joyería sobre un tejido de seda y viscosa a máquina, con adornos complejos de metal y de cristal.

Los acabados de las piezas de punto son de consideración importante y pueden afectar, de manera positiva o negativa, al *look* final de la prenda. Los detalles, como las fornituras, los bordes y los cierres, se han de tener en cuenta en la etapa de diseño y no después.

En este capítulo se tratan los cuellos, las tiras de cuellos, los dobladillos, los bordes, los bolsillos y los cierres. También se atiende a las técnicas de acabado a mano como el cambrado, el planchado y las costuras. Por último, contempla los bordados y los adornos, con una práctica sección sobre la sarta de cuentas y sus puntadas.

Los cuellos y las tiras de cuello

1   Cuello grueso de canalé enrollado
     de Julia Neill.
2   Diseños de Victoria Hill de cuello
     con volantes (izquierda) y cuello vuelto
     (derecha).

Los cuellos son, generalmente, una extensión de la línea de escote de la prenda. Las tiras de cuello siguen la línea del borde del escote. Tanto los cuellos como las tiras de cuello se pueden tejer directamente en la prenda o bien se tejen por separado y se unen luego. Dependiendo de la forma del diseño, se pueden tejer de manera horizontal o de manera vertical y pueden ser de punto liso, de canalé, calados, con motivos o tener un borde de fantasía, como una puntilla.

1

Las tiras de cuello

El cuello vuelto y el cuello cerrado son modelos comunes basados en el principio de tiras de cuello. Un cuello vuelto es un simple rectángulo de canalé girado sobre sí mismo en su parte superior. Para que se asiente bien, la parte inferior (la parte que toca el borde del cuello) se puede tejer con una tensión ligeramente más apretada que la parte superior (la que dobla). Los cuellos vueltos se ajustan mejor alrededor del cuello si se hacen en canal, por tanto, la tensión se establece de manera diferente a la del cuerpo. El cuello cerrado también es una pieza de canalé, pero no se gira sobre sí mismo y se asienta más bajo, alrededor del escote, con la misma forma tanto para el escote delantero como para el de espalda.

Estas tiras de cuello tienen elasticidad para ajustarse y se unen a la costura de hombro.

A las tiras de cuello para los escotes en V a veces se les da forma en el centro delantero para que el final quede en el medio. Las tiras para los escotes cuadrados se hacen con varias piezas que luego se unen sobreponiendo los extremos, que es una manera más fácil de acabar.

Las tiras de cuello y los cuellos de canalé han de ser lo bastante elásticos para que puedan pasar por la cabeza pero, al mismo tiempo, que ajusten correctamente al borde del escote. Para esto es necesario medir el borde del escote y calcular el número de mallas que se necesitan según las muestras de tensión de la prenda. Las tiras de cuello se pueden tejer en un tamaño de malla algo menor para obtener un ajuste más apretado. Si el escote se termina con hilo alternativo, las mallas se pueden volver a poner en la máquina para hacer el cuello.

2

Los cuellos

Existen tres tipos principales de cuellos: los cuellos planos, como el cuello Peter Pan, el cuello Eton y el cuello marinero; los cuellos de tira, como el cuello mandarín (también llamado cuello mao o chino), el cuello vuelto y el cuello camisero, y los cuellos integrados (que se tejen de manera conjunta con la prenda), como los cuellos de solapa. Todas estas formas se pueden desarrollar en diferentes cuellos con volantes, mediante sencillas técnicas de patronaje.

Los cuellos se pueden tejer de varias maneras. Un método es tejer el cuello en horizontal, en punto liso o con motivos, en una máquina de una fontura. El cuello se puede doblar por la mitad para tener el doble de grosor y se le puede dar forma en la línea de pliegue y echarlo hacia atrás desde el borde del cuello o viceversa, dependiendo del modelo.

Otra manera es tejer el cuello en horizontal en una máquina de doble fontura sin aumentar su grosor mediante el doblado. Este método ofrece posibilidades para dar forma. Ambos tipos de cuellos se pueden tejer directamente en el borde del escote o se pueden formar en la máquina de manera independiente. El borde formado es, por lo general, más pulido que el borde acabado y tiene mejor aspecto como borde exterior del cuello.

Un tercer método es tejer el cuello en vertical. Se teje de manera independiente en una máquina de una o de doble fontura y luego se une. Para estos cuellos se utilizan patrones de papel. Por ejemplo, los cuellos planos se pueden dibujar rectos en el escote del patrón de cuerpo y después trazarlos y ajustarlos. También se pueden usar las medidas para plantear diversos cuellos de borde recto. La forma puede ser tejida en un cuello básico, usando el punto por partes para crear pinzas alrededor del cuello (útil en un cuello Eton), o para dar vuelo y crear volantes.

2

Patrón de cuello con volantes

Los cuellos con volantes se tejen en máquinas
de una fontura y se pueden unir a cualquier tipo de
escote. Pueden variar en forma, en amplitud
y en profundidad. Se pueden hacer múltiples capas
de punto calado para construir cuellos grandes
con volantes.

1   Dibujar un rectángulo en un trozo de papel para
    patronaje. El largo ha de ser la medida del escote
    desde el centro delantero al centro espada.
    El ancho ha de ser la profundidad deseada
    del volante. Si se desea, se le puede dar forma
    por fuera del borde.
2   Dividir el patrón en partes iguales (véase la imagen
    3). Abrir estas partes desde el borde exterior
    manteniendo el borde del cuello con el tamaño
    original, lo que hará un borde curvo.
3   Con el papel para patronaje plano, dibujar
    alrededor la nueva forma para incluir las partes
    abiertas. Cuanto más anchas sean estas partes,
    más amplitud tendrán los volantes. Cuando
    se teja, se puede usar la técnica del punto
    por partes para dar forma a las áreas que
    se han añadido.

medida de escote

CE

CD

ancho del volante

1   Diseño de cuello
    de Dulcie
    Wanless.
2   Cuello grande
    con volantes
    de Juliana
    Sissons.
    Fotografía
    de Jojo Ma.
3   Imagen de
    la técnica de
    patronaje para
    un cuello con
    volantes.

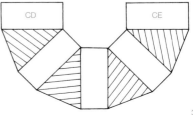

CD   CE

3

Los cuellos y las tiras de cuello > Los dobladillos y los bordes

Los dobladillos y los bordes

1. Dobladillo de fantasía hecho
con mallas transferidas,
de Zuzanna Fierro-Castro.
2. Detalle de ribete de puntilla.
3. Detalle de falso canalé de una fontura.
4. Imagen de la configuración de agujas
de una máquina de doble fontura.
5. Detalle de canalé de doble fontura.

A los dobladillos y a los bordes se les puede dar forma, se pueden festonear y se les puede añadir flecos o encajes. Los ribetes a mano se pueden insertar en las agujas de la máquina para tejerlos conjuntamente y las mallas abiertas se pueden sacar de la máquina para continuarlas a mano.

Un borde formado de manera normal tenderá a enrollarse, pero enganchando la primera pasada de punto y tejiéndola al cuerpo de la prenda, se creará un dobladillo tubular pulido de manera rápida. La técnica del punto por partes ofrece también grandes posibilidades tanto para dobladillos como para ribetes. Se puede utilizar una máquina de doble fontura para producir diversos bordes ribeteados. En máquinas de una fontura se pueden hacer falsos canalés, que tienen menos elasticidad pero que pueden ser un buen acabado para un dobladillo o para un puño.

Los dobladillos con peso
El peso se puede usar en el punto para ayudar a que la prenda caiga. Normalmente, están dentro del dobladillo. Existen muchos tipos, como los pesos individuales de plomo, redondos o cuadrados que, generalmente, están repartidos a lo largo del dobladillo. También están las cintas con peso, que tienen por dentro pequeñas bolitas de plomo en un tubo de algodón. Existen, además, varios efectos de cadena que se usan como pesos decorativos y también se usan cintas del mismo tejido principal que aporten peso ligero a un dobladillo o a un borde.

1

Borde de puntilla

1 Hacer la formación de malla con hilo alternativo, usando diferente color para el tejido principal. Este hilo se quitará luego.
2 Cambiar al color principal y tejer 10 pasadas.
3 Transferir cada dos mallas a la aguja contigua para formar calados. Tejer 10 pasadas.
4 Enganchar la primera pasada de bucles del primer color para hacer un dobladillo. Tejer cuanto se desee.
5 Quitar el hilo alternativo. El adorno quedará suavemente unido, sin borde formado.

Falso canalé de una fontura (1×1)

1 Regular la tensión ligeramente más apretada que para el tejido principal.
2 Hacer la formación de mallas poniendo cada dos agujas fuera de trabajo.
3 Tejer 10 pasadas. Tejer 1 pasada con tensión floja para la línea de pliegue. Tejer 10 pasadas.
4 Enganchar la primera pasada del tejido a las agujas para formar un dobladillo.
5 Poner las agujas fuera de trabajo en posición de trabajo. Aflojar la tensión a la tensión del tejido principal. Tejer cuanto se desee.
6 Un falso canalé es más rápido de hacer que un canalé real en una máquina de doble fontura pero no tiene tanta elasticidad.

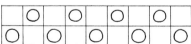

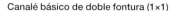

Canalé básico de doble fontura (1×1)

1 Configurar las agujas como se muestra en el esquema. Las agujas fuera de trabajo en una fontura han de ser las opuestas a las que están en posición de trabajo en la otra fontura. Variar las fonturas para que las agujas vacías estén alineadas con las agujas en posición de trabajo de la fontura opuesta. En las máquinas domésticas, esto se hace poniendo la leva de inclinación en la posición P.
2 Pasar el carro de izquierda a derecha para formar una pasada en zigzag. Insertar el peine de formación de malla y el alambre.
3 Poner los pesos en el peine y activar las levas para tejer en tubular. Tejer alternando las fonturas en cada pasada. Tejer 2 pasadas tubulares.
4 Desactivar las levas en ambas fonturas a la vez y continuar tejiendo.
5 Si se vuelve a trabajar con todas las agujas después de haber hecho el canalé, variar las fonturas para que las agujas de una fontura y otra no choquen (posición H en una máquina doméstica).

Dobladillo festoneado

1 Enhebrar la máquina con hilo alternativo y hacer la formación de malla con 30 agujas. Cada festón tendrá 10 mallas de ancho.
2 Tejer varias pasadas con hilo alternativo y luego 2 pasadas con el hilo principal, terminando con el carro a la derecha.
3 Activar las levas y poner en posición anulada 20 agujas de la parte izquierda. Tejer 1 pasada.
4 Poner la primera aguja de la derecha en posición anulada y tejer 1 pasada. Poner la siguiente aguja a la izquierda en posición anulada y tejer 1 pasada. Continuar tejiendo de esta manera, poniendo en posición anulada 1 aguja en cada pasada, alternando los lados.
5 Cuando sólo quede una aguja tejiendo, continuar tejiendo volviendo a poner las agujas en posición de trabajo, 1 en cada pasada, alternando los lados. Cuando todas las agujas vuelvan a estar en posición de trabajo, parar y repetir este proceso en las 10 agujas centrales y luego en las 10 agujas de la izquierda. Cuando esté hecho cada festón, los otros 2 festones estarán en posición anulada.
6 Cuando se hayan hecho todos los festones, desactivar las levas y tejer 2 pasadas.
7 Quitar las dos primeras pasadas con el hilo principal y engancharlas en las agujas para hacer un dobladillo. Continuar tejiendo.

1

Adorno con flecos

Se puede tejer una trenza con flecos y luego aplicarla a la pieza tejida del cuerpo principal, en el borde, o se puede dejar colgando en las agujas en cualquier momento del proceso de tejedura.
1 Configurar las agujas para un punto corrido grande de, por ejemplo, 5 agujas en posición de trabajo en cada lado de las 40 agujas en posición de fuera de trabajo.
2 Hacer la formación de malla, dejando las 40 agujas en posición de fuera de trabajo entre los dos grupos de agujas en posición de trabajo.
3 Tejer la cantidad de pasadas deseadas y cortar las bastas por la mitad para crear dos largos de flecos.

1 Ejemplo de dobladillo festoneado en una combinación de señora de estilo victoriano (tejido a mano).
2 Gráfico de las agujas en posición anulada en un adorno con bucles.
3 Los bolsillos son una característica de diseño del trabajo de Hollie Maloney.
4 Diseño de bolsillos de Missoni, otoño/invierno 2010. Catwalking.com.

Adorno con bucles

1 Este adorno se puede hacer usando la técnica del punto por partes. Enhebrar la máquina y hacer la formación de malla con 6 agujas.
2 Tejer 2 pasadas, terminando con el carro a la derecha.
3 Activar las levas. Poner las 2 primeras agujas de la izquierda en posición anulada. Tejer 8 pasadas.
4 Desactivar las levas y tejer 2 pasadas.
5 Activar las levas. Repetir como antes, poniendo en posición anulada las 2 primeras agujas de la izquierda durante 8 pasadas antes de tejer 2 pasadas de manera normal.
6 Continuar de esta forma hasta obtener el largo de trenza deseado. La trenza que resulte tendrá bucles. Explorar esta idea variando el largo y el ancho de los bucles y creando bucles a cada lado de la trenza central.

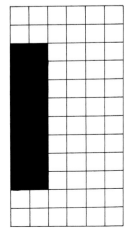

2

Los bolsillos

Existen tres tipos de bolsillos y todos ellos se hacen de diferente manera. El primer tipo es el bolsillo de parche, que se teje de manera independiente en cualquier forma o tamaño. Los bolsillos de parche se tejen al revés. Primero se hace un canalé o un dobladillo en la boca del bolsillo. Luego se teje el resto del bolsillo y se cose a mano.

El segundo tipo es el bolsillo hecho con cortes horizontales. Tiene una abertura en el tejido principal y un fondo de bolsillo colgando por dentro, que normalmente es de tejido de plana.

El tercer tipo es el bolsillo con corte vertical, que se puede aplicar en una costura lateral. Si el bolsillo tiene un borde superior inclinado o una abertura vertical, la boca del bolsillo se teje aparte. También se puede tejer todo en uno en la prenda, usando la técnica del punto por partes. El ancho del bolsillo se teje mientras las demás agujas están en posición anulada. El largo del fondo del bolsillo habrá de ser el doble de la medida de profundidad para que se pueda doblar hacia arriba y unirse a la boca del bolsillo. Después, se teje de la manera habitual y, finalmente, se cosen a mano los lados del fondo del bolsillo. El fondo de bolsillo interior se puede tejer con un largo suficiente para que parte de él salga por la parte superior y así crear una cartera.

3

4

Los cuellos y las tiras de cuello > **Los dobladillos y los bordes** > Los ojales y los cierres

Los ojales y los cierres

1 Diseño de Simone Shailes caracterizado por un inusual cierre metálico.

Existe una gran variedad de cierres que se pueden usar en las prendas de punto y las vistas se pueden colocar en las aberturas tejidas de la misma manera que se hace para las prendas de plana. Por ejemplo, aplicar una cremallera entre la vista y el borde delantero o detrás de un dobladillo tejido. Lazos, cordones, botones, hebillas y cinturones, corchetes o trencillas de fantasía e incluso borlas de croché y bucles se pueden considerar como cierres. Los ojales, que en ocasiones son la característica de diseño principal en una prenda, se hacen de diversas maneras: en horizontal o en vertical, pequeños o grandes. Los ojales verticales a menudo se realizan con la técnica del punto por partes, mientras que los horizontales se confeccionan formando y acabando el largo necesario (véanse los métodos descritos en la página 141). Los ojales pueden ser discretos o se pueden realzar bordándolos. También se crean ojales dejando huecos al unir una tira al borde de una prenda. Otros ojales más formales se hacen usando la pieza para hacer ojales, con la máquina de coser.

Ojal pequeño

1 Elegir dos agujas contiguas.
2 Transferir 1 malla a la izquierda y 1 a la derecha. Tejer 1 pasada.
3 Quitar el hilo del gancho de las dos agujas elegidas y enrollarlo
   alrededor de cada aguja, como en la formación de malla con
   el método de envoltura en "e".
4 Tirar de las agujas hacia delante y tejer 1 pasada.
   Tirar de las agujas hacia delante y continuar tejiendo.

Ojal grande

1 Acabar la cantidad deseada de mallas usando un hilo de color
   contrastado o del mismo color.
   Los extremos del hilo con el que se acaba se dejan colgando
   a cada lado del ojal y habrá que coserlos después.
2 Hacer la formación de malla en las agujas vacías con el método
   de envoltura en "e". Tirar de estas agujas hacia delante y continuar
   tejiendo.
3 Usar una herramienta de lengüeta para ligar de manera pulida
   los extremos del hilo. Se puede usar una puntada de ojal para pulir
   la abertura (véase la página 142).

Ojal vertical

1 Poner el carro a la derecha. Activar las levas.
2 Poner todas las agujas a la izquierda del ojal en posición anulada.
   Tejer 6 pasadas.
3 Poner todas las agujas a la derecha del ojal en posición anulada.
4 Romper el hilo y llevar el carro hacia la izquierda. Volver a enhebrar
   el hilo.
5 Volver a poner todas las agujas a la izquierda del ojal en posición
   de trabajo con una herramienta de lengüeta. Tejer 6 pasadas.
6 Poner todas las agujas a la izquierda del ojal en posición anulada.
7 Romper el hilo y llevar el carro hacia la derecha. Volver a enhebrar
   el hilo.
8 Desactivar las levas y continuar tejiendo.

Los dobladillos y los bordes > **Los ojales y los cierres** > Las técnicas de acabado a mano

Bucles *rouleau*

Los bucles tejidos *rouleau* se pueden usar como ojales o se pueden prensar planos para usarlos como ribete. Como ojales, se pueden hacer de manera individual o bien en una tira continua para unirla entre un borde exterior y una vista o para coserlos en un borde plegado.

1 Hacer la formación de malla con 4 agujas.
2 Presionar uno de los botones *part* y tejer cuanto se desee. Configurar también todas las agujas a malla retenida para tejer cada dos pasadas. Si la tensión es muy apretada, el cordón del bucle formará un tubo circular.

Ojal pespunteado

Un ojal pespunteado se hace para reforzar el agujero, que ha de ser lo suficientemente grande como para que pueda pasar el botón a través de él. Se pueden usar hilos a contraste o hilos a tono, así como cordones decorativos y trenzas estrechas.

1 Coger un largo de hilo y pespuntear un lado del ojal con una lazada de hilo.
2 Empezando por la izquierda, enhebrar la aguja por detrás de la lazada pero por delante del nuevo bucle formado con la lazada.
3 Continuar dando puntadas juntas y apretadas hasta que ambos lados estén cubiertos y asegurar con un nudo en la última puntada.

1

2

Los botones

Los botones pueden ser modernos, de plástico, de vidrio o *vintage*; se pueden forrar con tejido a contraste o con tejido de punto fino; pueden ser borlas o de trenca o hechos de croché. Se elijan los que se elijan, la prenda ha de acabarse y vaporizarse antes de coser los botones. Si la función del botón es sólo decorativa, se pueden coser planos en el tejido de punto, si no, necesitarán tener pie.

Coser un botón

El largo del pie hará que el botón pase por el ojal de manera cómoda, pero no ha de ser muy largo para que el botón no quede colgando ni se desabroche.

1   Sostener el botón justo por encima de la superficie del tejido para hacer el pie.
2   Dar 6 puntadas aproximadamente en los agujeros del botón, sosteniéndolo y ajustando las puntadas para hacerlas del mismo largo.
3   Hacer una puntada de ojal alrededor del grupo de hilos, desde el botón hacia el pie.
4   Terminar con varias puntadas pequeñas para sujetar el hilo.

3

1   Bucle trenzado en una chaqueta de lana de estilo victoriano.
2   Imagen de una puntada de ojal.
3   Selección de botones.
    Fotografía de Jojo Ma.

Los dobladillos y los bordes > **Los ojales y los cierres** > Las técnicas de acabado a mano

Las técnicas de acabado a mano

1   Prenda de punto de Dulcie Wanless.
2–3   Muestras cambradas y prensadas
de Annabel Scopes hechas
en una máquina Dubied con agujas
alternas transferidas a la fontura
opuesta y luego unidas con puntadas
verticales.

La confección de una prenda es una de las partes más importantes de la producción. Las piezas tejidas pueden parecer iguales pero un cambrado, un planchado o una confección incorrectos pueden echar a perder una prenda bien tejida.

Cuando se teje un largo de tejido es conveniente marcar los bordes del tejido con hilo, a intervalos regulares, por ejemplo, cada 100 pasadas. Esto sirve para casar éstas marcas en la etapa de confección, para mantener los bordes rectos y alineados. Los tejidos de punto suelen deformarse cuando salen de la máquina, por eso es muy importante mantener el tamaño y el prensado de cada pieza de la prenda antes de la confección.

1

2

El cambrado y el planchado

El cambrado implica el fijado de las piezas de la prenda a la forma y medidas que se necesitan, luego se vaporizan. Se puede fijar el tejido sobre el patrón de papel, pero esto puede estropear el papel, haciendo difícil que se pueda volver a usar. Otra manera de hacer el cambrado es marcar la forma del patrón en un tejido de calicó de algodón y fijar la pieza tejida sobre él.

Cuando se vaporiza, hay que mover la plancha suavemente sobre la superficie y soltar vapor, nunca planchar directamente sobre el tejido. Hay que dejar que el tejido repose en una superficie plana (en una mesa de cambrado) para que se fije. Los bordes se han de tratar con especial atención, puesto que algunos hilos se enrollan más que otros. La lana y las fibras naturales en general se pueden vaporizar y, si no se dispone de una plancha a vapor, se puede cubrir el tejido con un paño húmedo. Los canalés se pueden vaporizar si están hechos con fibras naturales, pero hay que mantenerlos cerrados, puesto que si se vaporizan estando abiertos, se quedarán abiertos. Las fibras sintéticas nunca se vaporizan porque pierden elasticidad. Si acaso, se pueden planchar del revés, sin aplicar presión.

Las costuras

Las costuras en las prendas de punto han de ser invisibles. Se han de coser usando una tensión similar a la de las piezas que se van a unir. Si las costuras se hacen muy apretadas, se producirán fruncidos y las mallas se romperán. Si se hacen muy flojas, quedarán abiertas y las puntadas se apreciarán.

Las piezas de punto se pueden coser a mano, con máquina plana o con remalladora (véase cuadro superior derecho). Para coser a mano, se ha de usar una aguja de punto sin punta y un hilo muy fino. Si el hilo del tejido está texturado, se puede usar un hilo a tono. Con hilos finos o débiles habrá que poner dos cabos.

La remalladora

La remalladora se utiliza para unir tejidos de punto. Existen versiones más pequeñas de las remalladoras industriales, tanto electrónicas como controladas manualmente. La remalladora permite unir cualquier largo de tejido porque se trabaja colocando el tejido en un anillo circular de agujas, con el derecho encarado. A medida que la máquina trabaja, se forma una puntada de cadeneta que une los dos tejidos. Después de haber remallado los dos tejidos, se pueden quitar para poner otras piezas en las agujas del anillo circular.

La máquina plana

La confección con una máquina plana es una manera muy rápida y eficiente de coser piezas de prendas. Muchas prendas producidas en serie se hacen de esta manera, overlocando los bordes para evitar que el punto se deshilache. Algunas máquinas tienen pies prensa-telas especiales para coser prendas de punto. Es aconsejable hilvanar juntas las piezas de una prenda por el borde y usar hilo de poliéster tanto en la máquina como en la canilla.

La puntada vertical

La puntada vertical se usa para hacer una unión invisible y cuando se necesita una costura fuerte, sin que genere un bulto. Se trabaja desde el lado derecho y es una puntada útil para casar motivos y rayas.

1   Juntar las dos piezas por los bordes y trabajar de derecha a izquierda. Pasar la aguja bajo dos bastas una puntada desde el borde, en ambas piezas.
2   Continuar dando puntadas. Tirar suavemente del hilo de vez en cuando para ajustar la costura.
3   Acabar con el final del hilo dentro de la costura.

La puntada atrás

La puntada atrás se puede utilizar para coser un borde abierto en un borde cerrado. Es útil para acabar los canalés y se puede usar para costuras sin elasticidad.

1   Solapar las dos piezas en una o dos pasadas.
2   Introducir la aguja por la primera malla de la pieza, que está debajo, y sacarla por la segunda malla.
3   Llevar la aguja hacia atrás, a la primera malla, y de nuevo por la pieza que está debajo, y sacarla por la tercera malla. Después, introducirla por la segunda malla y sacarla por la cuarta. Repetir a lo largo de las mallas de la pasada.

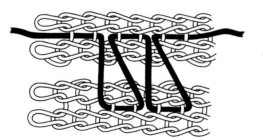

Las técnicas de tejedura con hilo alternativo
Existen diversas técnicas útiles que implican el uso de un hilo alternativo. Si dos bordes se van a remallar, los bordes han de tener mallas abiertas. El hilo alternativo se teje en la pasada del tejido principal en vez de acabar de la manera habitual, que mantiene las mallas juntas hasta el proceso de remallado. El hilo alternativo se deshilacha durante este proceso o al final.

La puntada de dobladillo

La puntada de dobladillo se puede usar para unir bordes, tiras y dobladillos. Si se cosen bordes abiertos hay que recordar coser cada malla por separado.

1   Girar el dobladillo o el cuello e hilvanar o coger con alfileres.
2   Empezar por la derecha introduciendo la aguja por la primera malla y sacándola por la malla correspondiente del tejido principal.
    La puntada ha de quedar invisible por el derecho del tejido.

El remallado *grafting*

El remallado *grafting* se usa para unir dos partes de tejido con el resultado de un efecto de pieza de tejido continuo. Las mallas se sostienen con hilo alternativo, que se deshilacha durante el proceso de remallado. Si se hace de manera pulida, resulta una unión pulida, porque imita la pasada del punto.

1   Colocar las dos piezas de tejido borde con borde, encaradas. Empezar por la derecha.
2   Introducir la aguja por la primera y segunda malla del borde del tejido que está encima y sacarla por la primera y segunda malla del borde del tejido que está debajo. Luego, sacarla por la segunda y tercera malla del borde del tejido que está encima y continuar de esta manera toda la pasada.
3   No apretar las mallas dadas más que las mallas del tejido.

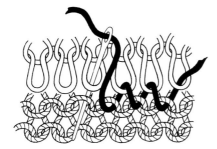

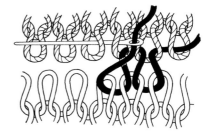

El hilo alternativo también se usa cuando una pieza de tejido se tiene que volver a poner en máquina en procesos posteriores. El hilo alternativo se desenreda en la última pasada y luego se desenreda una malla cada vez mientras el tejido principal se pone en las agujas con una herramienta para transferir. Las mallas del color principal también se pueden recoger mientras el hilo alternativo está aún unido, ya sea por encima o por debajo de la fontura y desenredarlo luego, antes de empezar a tejer.

El hilo alternativo también se puede usar para dar forma. Si parte de una prenda se monta o se acaba con hilo alternativo, se puede quitar de la máquina para permitir que se siga dando la forma.

Los adornos

Los bordados, las aplicaciones y las sartas de cuentas son técnicas que a menudo se utilizan para adornar una prenda de alta costura, ya sea de plana o de punto. Los productores de muestrarios de tejidos contratan a técnicos en adornos cuyo trabajo consiste en bordar o aplicar abalorios a las muestras antes de ponerlas a la venta.

Hay que considerar las proporciones y el tamaño de la prenda antes de diseñar los adornos. Se pueden hacer patrones para comprobar el tamaño de un motivo. Los bastidores para bordar son útiles cuando se trata de añadir las aplicaciones, los bordados y los abalorios porque mantienen el tejido tenso y así facilitan el trabajo sobre él. La mayoría de los adornos se aplican sobre el derecho del tejido, excepto algunas técnicas de abalorios, que se trabajan en el revés.

Las aplicaciones

Las aplicaciones son uno de los adornos más versátiles, se forman aplicando tejidos decorativos en la superficie del tejido principal. Pueden ser sedas, algodones, linos o pieles a contraste; pueden ser formas con tejidos de punto, de plana o de fieltro, cortadas o hechuradas. Los tejidos que funcionan como aplicaciones pueden tener un dobladillo y estar cosidos a mano o pueden dejarse a sangre y estar bordados. Los materiales gruesos, como la piel, son más fáciles de trabajar con agujeros perforados en los bordes y luego bordarlos en prenda. Los motivos de gran tamaño son fáciles de coser si se hilvanan en la prenda para evitar que se muevan al coserlos. Hay que tener en cuenta que los tejidos no elásticos que hacen las veces de aplicaciones restarán elasticidad a la prenda.

1   Tejido de punto en dos tonos de chocolate, con adorno de medallones de encaje a mano, de Amy Phipps.

Las técnicas de acabado a mano > **Los adornos** > En la industria

1　Cárdigan de los 50 en lana de
　　cordero de color crema, con botón
　　de perla y bordado floral con cintas
　　e hilos de seda.

2　Selección de ribetes bordados
　　a máquina.

3–4　Muestras de punto bordadas a mano
　　de Zuzana Fierro-Castro.

5　Puntada de hilván.

6　Doble puntada.

7　Puntadas verticales entre puntadas
　　de hilván.

8　Filas dobles.

9　Puntadas inclinadas.

10　Puntadas de cruz con puntadas
　　de hilván.

11　Puntadas verticales con puntadas
　　de cruz.

12　Combinación de puntadas de cruz
　　con puntadas de hilván.

1

Los bordados

El arte de los bordados puede añadir color y durabilidad a un tejido de punto. Las puntadas se pueden utilizar para convertir un tejido de punto en creativas piezas artísticas. Las puntadas decorativas se pueden hacer con hilos de seda, de lana, de lino o con materiales inusuales, como la piel o las cintas. Es conveniente tener en cuenta la proporción de los colores y el peso del hilo junto con las texturas, las puntadas, las líneas y las masas. Se pueden crear muchos diseños ricos, finos y elegantes.

Cuando se diseñan bordados es aconsejable utilizar formas simples por ser ya complejo el motivo que forman las puntadas. En muchos casos, es posible realizar un buen diseño de bordado sin dibujarlo en primer lugar. La forma más sencilla de diseño se basa en la repetición, cuando las puntadas se colocan unas junto a otras para formar bordes decorativos.

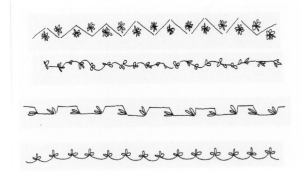

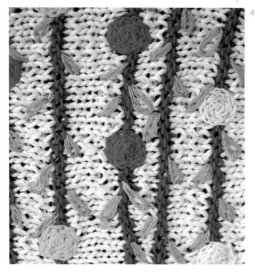

Puntadas sencillas

Una línea de puntadas con hilo de color a contraste sobre el fondo de un tejido es una manera sencilla de decorarlo. Si se desea, existen diversas puntadas sencillas y muy populares que son la base de los diseños de bordados más avanzados.

Las sartas de cuentas

Las sartas de cuentas también llamadas abalorios son otra manera de bordar que se puede usar para cubrir la superficie total del punto o para decorar los bordes, los ribetes y los motivos. Las cuentas se pueden añadir en la etapa de tejedura, tramando largos de hilo o bien ensartándolas en las mallas con una herramienta especial.

Los adornos de sartas de cuentas se pueden trabajar con hilos dorados o plateados y las cuentas son desde perlas cultivadas a acero, pasando por vidrio y madera. Los largos de lentejuelas y trenzas de fantasía también se pueden añadir de manera similar. El proceso es laborioso y supone un considerable coste al diseño final.

Si se cosen cuentas en el tejido es necesario usar una aguja de coser tan grande como para que el hilo pueda pasar a través del ojo de la aguja, pero a la vez tan pequeña como para que pueda pasar por el agujero de las cuentas. Existen diferentes métodos de puntadas, como la puntada atrás, la puntada en paralelo, la puntada de acolchar y la puntada de hilván, como se muestra en las imágenes de la derecha. En los talleres especializados se suele utilizar una aguja de bordar para las labores con sartas de cuentas. Esta herramienta es similar a una aguja de croché y se utiliza para unir cuerdas de cuentas con puntada de cadeneta, un método ideal para trabajos finos con cuentas pequeñas. Con esta aguja de bordar se crean puntadas de cadeneta alrededor del hilo que contiene la cuenta y, de esta manera, no necesita pasar por la cuenta. Sin embargo, si el hilo se rompe, la cuenta se caerá. Las cuentas cosidas de manera individual con una aguja estándar están mejor aseguradas (aunque, por supuesto, esto requiere mucho tiempo).

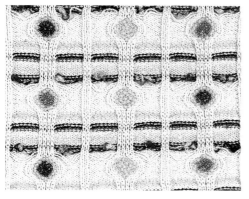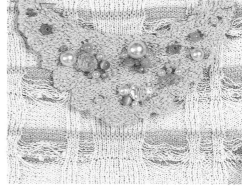
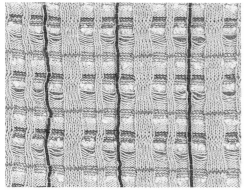
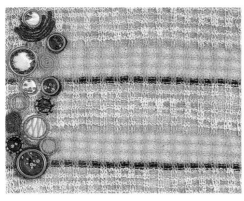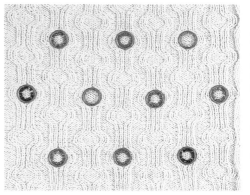

1   Flecos.
2   Puntada de atacado.
3   Puntada de puntilla.
4   Puntada atrás.
5   Puntada atrás de tres cuentas.
6   Puntada en paralelo.
7   Puntada de acolchar.
8   Puntada de hilván.
9   Selección de muestras con sarta de cuentas *vintage*
     de Rebecca Mears.

9

En la industria

En las siguientes páginas se recogen diversos estudios y entrevistas con varios diseñadores y especialistas que nos sirven para ilustrar las diferentes maneras en las que se pueden trabajar los tejidos de punto. Ofrecen inspiración y percepción en la variedad de carreras existentes dentro de la industria del punto.

Malcolm McInnes diseña su propia marca de ropa de hombre *casual sportswear* de lujo con fuertes elementos de diseño vanguardistas. Es también el director de Moda de la Brighton University.

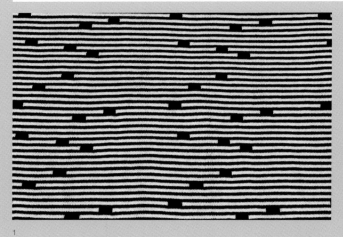

1

centro en el corte, el modelaje y los detalles de acabado para lograr la estética sofisticada y restrictiva que constantemente busco.

Al final de cada campaña de ventas, evalúo con mi equipo qué ha sido lo que ha tenido más éxito de la colección y qué no. Esta evaluación puede determinar, en cierta manera, el desarrollo de producto para la siguiente temporada. Una ventaja con la que cuento es que las colecciones de ropa para hombre son pequeñas y están dirigidas a un nicho de mercado y no existe la necesidad de seguir las pautas de las empresas de predicción de tendencias.

Empleo mucho tiempo en hacer pruebas con ideas decorativas para tejidos y la distribución de éstas sobre las prendas, a la vez que voy valorando cómo quedarán en el cuerpo y si mis clientes las llevarían o no. Tengo en cuenta el peso final de los tejidos y suelo trabajar con galgas 12 y 7. También puedo tener una o dos prendas más pesadas en la colección, cada temporada. Estas prendas normalmente se diseñan como imagen más que para venta.

¿Cuál es tu experiencia en el diseño y cómo llegaste a las prendas de punto?

Estudié Moda y Textil en la Central St. Martins y sentía una pasión casi obsesiva por trabajar con las máquinas de punto de galga fina y con hilos de seda y de viscosa.

Siempre he tenido cuidado con ser etiquetado como diseñador de prendas de punto. La forma, la silueta general y el concepto son las primeras consideraciones a la hora de diseñar para el mercado de la moda. Mi enfoque particular hacia las prendas de punto es el uso de contrastes de color y las técnicas de motivos. Se puede pensar, ¿por qué con prendas de punto si puedes conseguir lo mismo mediante tejidos estampados? Yo creo que los hilos de *cashmere* y los de seda toman

el color de manera preciosa, y trabajar con ellos puede ser muy estimulante para conseguir nuevos lenguajes de color.

¿Puedes hablarnos de tu proceso de diseño?

El uso de colores puros saturados casi siempre dirige el desarrollo de la colección, junto al uso de estructuras geométricas primarias, que transforman el motivo de la superficie en formas sobre la prenda. Lo primero que hago es pensar en la mejor manera de equilibrar y distribuir los colores elegidos para la temporada en la serie de prendas que quiero producir. Los agrupo por temas. Luego desarrollo las formas geométricas simples en composiciones de motivo para conseguir calidades de superficie bastante planas y después me

¿Qué consejo darías a los que están empezando en la industria?

Si tengo que dar algún consejo a alguien que quiere trabajar como diseñador de ropa de hombre, y específicamente en prendas de punto, diría que la pasión es el ingrediente más importante. Hay que asumir las experiencias como nos vienen, porque con el tiempo entenderemos su significado.

También tomar todas las oportunidades de aprender y crecer. Incluso cuando se empieza con un modesto trabajo en una empresa grande, además de tus funciones, hay que ser capaz de observar las de otros para adquirir un gran conocimiento de los procesos y procedimientos en las empresas a gran escala.

Si lo que se pretende es tener una marca propia o trabajar como *freelance* para otras empresas, se ha de estar informado sobre el negocio y también tener disciplina. Esto es importante a la hora de

2

negociar contratos y acuerdos. Es raro ser creativo y tener cualidades para los negocios con el mismo grado de éxito. Así que es importante rodearte de socios de confianza que se encarguen de estos temas del trabajo.

1–2 Motivo geométrico de tejido de punto circular de galga 12, producido por ordenador, de Malcolm McInnes.
3 *The Perfect*, 2007. Instalación de tejidos de punto a máquina de lana, utilizando la máquina WholeGarment® de Shima Seiki, en el Vestlandske Kunstindustrimuseum de Bergen, Noruega.

Freddie Robins, artista textil afincada en Londres

Freddie Robins aprendió a tejer a una temprana edad y se enamoró de ello. A los 17 años, participó en un concurso de diseño de prendas de punto de una revista nacional de artesanía y, después de ganarlo, estudió tejidos de punto en el Middlesex Polytechnic (en la actualidad, Middlesex University) y en el Royal College of Art de Londres. Ha trabajado como artista usando tejidos de punto como materia prima desde 1997.

Su reciente trabajo *The Perfect*, trata sobre la constante búsqueda de la perfección. A partir de la tecnología desarrollada para la producción en serie, crea prendas múltiples exactamente iguales unas a otras, prendas que no necesitan acabados a mano y cuya producción no genera residuos ni necesita del contacto humano. Prendas que son, de hecho, perfectas.

Produce prendas múltiples usando la máquina WholeGarment® de Shima Seiki. Son prendas que toman la forma de cuerpos humanos tridimensionales de tallas reales. Las ha combinado de diversas maneras para crear instalaciones y esculturas a gran escala de tejidos de punto.

3

Shelley Fox es conocida por su trabajo de dirección y conceptual. Diseñó para su propia marca entre 1996 y 2006, creó colecciones de temporada y colaboró con profesionales fuera de la industria de la moda. En la actualidad, es catedrática de Diseño de Moda de Donna Karan en Parsons, Nueva York.

¿Cuál es tu experiencia en el diseño y por qué quisiste ser diseñadora?

Me gradué en la Central St. Martins, en la especialidad de tejidos, y después de trabajar seis meses para el diseñador Joe Casely-Hayford, hice un máster en prendas de punto en la St. Martins. Me incliné por los tejidos de punto porque quería desarrollar tejidos, para ver por dónde iban. Pero también estaba interesada en patrones y tejidos de plana.

Eres conocida por tu enfoque experimental en el tratamiento de los tejidos. ¿Qué aspecto destacarías como característico de tu trabajo?

Enfieltrar ha sido siempre una gran parte de mi trabajo. En mi especialidad, el enfieltrado era frecuente porque las máquinas de galga fina estaban siempre estropeadas. Me pasé años intentando hacer un vestido de galga fina en una máquina de hacer punto, y siempre se echaba a perder en el último minuto. Así que enfieltraba mis errores. Creé efectos chamuscados dejando los tejidos durante mucho rato en la termofijadora, una experiencia más en el proceso de diseño.

Fue mi introducción en los fieltros y en el termofijado. Luego, cuando surgieron mis tejidos, pude ver cómo la colección iba a la par. Una parte esencial del proceso de diseño lo trabajé en 3D y construyendo con tejido.

1–2   En esta colección se combinan lentejuelas soldadas y volantes de fieltro con patronaje geométrico. Los volantes de fieltros que son la parte principal del tejido, están hechos a mano y casi salen del tejido. Otoño/invierno 2000. Fotografía de Chris Moore.

1

¿Cómo toma tu trabajo nuevos rumbos y cuáles son tus fuentes de inspiración?

Para la colección otoño/invierno 1997 utilicé tiras de esparadrapo, yeso y vendajes. Tuve un corte en la pierna y me llamó la atención el yeso, y se me ocurrió la idea de usar yeso y tejidos para vendajes. Me puse en contacto con la empresa farmacéutica Smith & Nephew, que me envió su archivo de tejidos, y empecé a usar tejidos de esparadrapo. La colección se caracterizaba por las lanas enfieltradas, que metí en la lavadora y quedaron rizadas y con estrías. Fue otro accidente pero, cuando las estampé, se convirtieron en la seña de identidad de la colección. Estas ondulaciones y las estrías fueron un afortunado accidente, un desarrollo más del tema médico. Mis principales fuentes de inspiración son la historia, el código morse y el Braille. El código morse fue el punto de partida, en cuanto a sonido para la presentación y a nivel visual para la ropa. Palabras como "capullo", "envoltorio" o "capa" pueden sostener todo un proyecto y provocar interesantes puntos de partida para desarrollos. Para la colección otoño/invierno 2001 utilicé mis diarios como fuente de inspiración. Me serví de textos de diario de una serie de diarios de trabajo. Algunas páginas las escogí por su composición y las ensamblé para crear un estampado. La colección fue una mezcla de sudaderas de noche, *cashmeres*, estampados gráficos a partir de garabatos del diario y trenzas de punto de gran tamaño. La paleta de color comprendía colores naturales con toques de verde menta, rojos brillantes, amarillos pálidos y negro. Para la colección otoño/invierno 1998 utilicé el concepto del Braille, la sencillez de las formas y códigos de su alfabeto. Fue la manera de leer a través del tacto lo que inspiró el desarrollo del uso de las marcas del Braille en la propia lana (punto enfieltrado). Este tejido se transformó después en formas geométricas tridimensionales, que se esbozaban en el cuerpo.

La investigación y el desarrollo son una parte esencial de tu trabajo y desde hace poco trabajas en un proyecto Nobel de tejidos, en colaboración con el Medical Research Council. Cuéntanos más sobre ello.

Hemos trabajado con escáneres de resonancia magnética para estudiar la forma del cuerpo. La investigación médica se llevó a cabo en seis mujeres voluntarias que fueron escaneadas y controladas electrónicamente, ¡para asegurarnos de que iban al gimnasio! Yo misma presté mi cuerpo como ejemplo y corrí la maratón de Nueva York para registrar los cambios de mi cuerpo. También prestamos atención a la ropa *vintage* y a la costura, el corte y la confección que han pasado de generación en generación, para explorar en paralelo los cambios del cuerpo y los cambios de la ropa. Descosíamos la ropa *vintage* y la reestructurábamos. El grupo del proyecto lo formaban diseñadores textiles y científicos, en una colaboración entre la Central St. Martins y el ICA (Institute of Contemporary Arts).

Has colaborado con muchos artistas. A nivel creativo, ¿cuál es la diferencia entre trabajar para tu propia marca a trabajar con gente como el bailarín Michael Clark?

Cuando se trabaja para el producto final de otra persona tienes que abordar la visión de esa persona. Durante mi etapa de trabajo en Random Dance estuve tratando con bailarines. Las necesidades del cuerpo en ese contexto son diferentes y tuve que pensar en los detalles prácticos, como el sudor. Por lo tanto, hube de pensar de manera diferente. Cuando trabajo con uniformes escolares, estoy trabajando con parámetros estrechos, que te ayudan a centrarte de manera diferente, pero, aun así, es estimulante.

2
3

3   La colección 15, Reissue, se desarrolló a partir de los patrones favoritos del archivo de patrones de Shelley Fox. El texto del diario se reprodujo en una variada paleta de color y las sudaderas de noche se combinaron con tejidos con cuentas de vidrio rotas. Otoño/invierno 2003. Fotografía de Wilson Kao.

Los adornos > En la industria

Sue Enticknap es directora de diseño de Knit-1, especializada en vender diseños únicos con *copyright* a la industria de la moda a nivel mundial.

¿Cómo es un día típico para ti?

Hoy ha sido bastante típico: a las 8 de la mañana ya estaba en marcha. He comprobado el estado de los diseños del día anterior y el diseño, el esbozo y la selección de los estampados de hoy el estado de la confección. He empezado un diseño de prenda de punto. He mirado mis correos electrónicos. He respondido al teléfono. He comprobado que el estudio no se quede sin tejido, sin consumibles de impresión, sin hilo, sin café, etc. He hecho fotos a algunos diseños terminados. He organizado y reservado viajes de negocios. He comprobado el mantenimiento de las máquinas, la visita a un proveedor de abalorios de India, la visita de un comprador de Topshop. He revisado los diseños de la colección en curso que se tienen que vender en Nueva York en dos semanas.

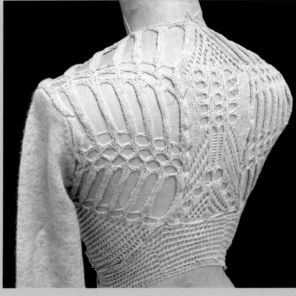

1

¿Cómo te introdujiste en el diseño? ¿Fue a través de los tejidos de punto o de la construcción de prenda?

Estudié moda y llevo involucrada en ella 30 años. Si se observa con detenimiento se pueden predecir las tendencias de manera fácil, porque la moda va y viene. Empiezo a diseñar desarrollando una idea sobre una técnica o una silueta. Considero mi trabajo como un proceso continuo, que ni se detiene ni empieza.

Trabajo en la máquina de hacer punto y empiezo a crear el tejido directamente en la prenda. Dado que sólo creamos piezas únicas, el proceso puede ser muy creativo y no tiene por qué repetirse. No hacemos patrones. Las prendas se cosen sin más. Pueden acabarse lavándolas a mano o a máquina, y vaporizándolas. Luego se les da un código y se les toman fotos para nuestros registros.

¿Qué importancia tiene la investigación en el proceso de diseño? ¿De dónde sacas la inspiración?

La investigación es muy importante. La inspiración puede venir de la propia moda, de tejidos antiguos, de la naturaleza, de artistas o de cualquier cosa. En mi cerebro nunca se agotan las ideas así que, realmente, puede ser cualquier cosa. El otro día hice un diseño a partir de algo que vi en la sala de espera del dentista, dibujé la idea en el dorso de un sobre.

¿Dónde y cómo vendéis las muestras de tejido?

Las vendemos en ferias en Europa y en Estados Unidos y también mediante visitas a nuestros clientes, por todo el mundo.

¿Existen factores, como las cifras de venta, que afecten en las decisiones de diseño?

¡Si no se respetan las ventas, no harás negocio!

¿Diseñáis para un cliente en concreto? ¿Qué tipo de clientes llevan vuestros diseños?

Sí. Cada vez que creo o diseño algo tengo en mente un perfil de cliente. Si tuviera un diseño, pero no acertara a ver quién lo podría llevar, entonces consideraría el diseño un fracaso y no lo incluiría en la colección. Vendemos a todos los niveles, edades y perfiles del mercado, desde bebés a gente mayor y a cualquier persona entre medias.

1   Diseño de calado de Knit-1.
2   Diseño de trenza de Knit-1.
3   El tejido tubular de la parte superior del cuerpo tiene una serie de agujeros que se pueden usar para meter los brazos o el cuello, según desee el usuario. Los agujeros que no se usen se pueden cerrar con hilo de separación. Fotografía de Moose Azim. Modelo, Laura Higgs.

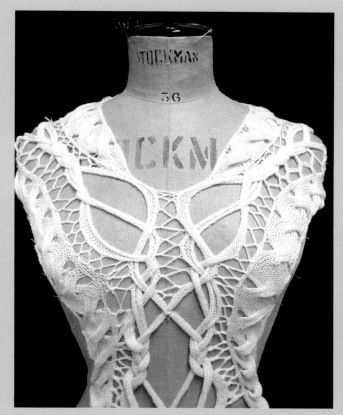

¿Trabajáis con un *brief*?
Sí, sobre todo en conexión con las temporadas. No podemos vender diseños atemporales. El tejido, el color, los motivos y la silueta son también muy importantes.

¿Cómo promocionáis vuestros diseños?
Visitando a nuestros clientes con frecuencia.

¿Cuánto tiempo dedicáis a la construcción de prenda?
Cada diseño nos lleva un máximo de un día desde el principio hasta el final.

¿Qué es lo que más te gusta del trabajo?
Diseñar sobre el maniquí.

¿Y lo que menos?
La burocracia. Llevar los impuestos, el IVA, las cuentas, la seguridad social, los seguros...

¿Qué consejo darías a un diseñador de punto?
Esta industria es extremadamente competitiva: sé el mejor.

2

Caterina Radvan, diseñadora de prendas de punto investigadora postdoctoral en la London College of Fashion.

Las investigaciones de Caterina Radvan buscan identificar las necesidades que presentan las mujeres discapacitadas en cuanto a tendencias y establecer criterios de moda para conjuntos de prototipos de prendas de punto que pongan al corriente los diseños de una colección a través de la tecnología avanzada en tejidos de punto. En la actualidad, la moda se diseña únicamente para las mujeres no discapacitadas, lo que significa que a las mujeres con discapacidad se les veta el acceso a la ropa de moda y a sus beneficios, que las mujeres no discapacitadas sí disfrutan.

Su método de desarrollo de diseño ha seguido un enfoque empírico hacia la forma de la prenda, por lo que ha evitado las bases de patrón tradicionales y ha utilizado formas geométricas básicas como punto de partida. En lugar de utilizar las técnicas tradicionales de hacer pinzas para resolver problemas de ajuste, lo que hace es exagerar el problema añadiendo más tejido para crear pliegues y volúmenes de tejido que se convierten en la característica del diseño. La técnica sin costuras se incorpora a su principio de diseño.

3

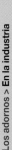

Los adornos > En la industria

1   *Slow Furl*, diseño de punto
    arquitectónico. El tejido de punto
    se utilizó como parte de una
    exposición de arquitectura
    de Mette Ramsgard Thomsen
    y Karin Bech. Este tejido de punto
    de naturaleza flexible se movía
    lentamente a través de estructuras
    robóticas escondidas detrás
    una pared.

El propósito de este libro ha sido ofrecer inspiración y percepción de los diferentes elementos del diseño de las prendas de punto y servir de introducción a la mayor cantidad posible de técnicas básicas a máquina. Espero que las técnicas de tejedura de punto hayan servido de inspiración para experimentar con los hilos, la proporción y las diferentes etapas del proceso. Hay que tener presente que al principio sólo se tienen que dominar unas cuantas técnicas y que cada una se puede usar de muchas maneras.

Las oportunidades de diseño dentro de la industria de las prendas de punto son amplias y diversas. Un diseñador puede ejercer su carrera en una empresa grande o como diseñador-productor en un negocio pequeño, con la ventaja única de la confección a medida que ofrece el punto. Hay diseñadores que trabajan para estudios de muestras y que crean conceptos de punto para vender a la industria del diseño de moda y de interiores. Otros graduados en punto acaban trabajando en la búsqueda de tendencias, en estilismo o en diseño de vestuario. Aquellos con más experiencia técnica pueden trabajar como consultores y prestar su colaboración en proyectos sobre tejidos para el campo de la medicina, los geo-textiles o de la arquitectura. Hace poco ha habido un interés significativo en la moda con relación al bienestar. La investigadora Vikki Haffenden, por ejemplo, ha aplicado la tecnología del punto a mujeres de tallas grandes. Con imágenes del cuerpo escaneadas en 3D y con programas informáticos especializados, ha desarrollado prendas de punto que sientan bien a mujeres corpulentas. Las oportunidades de hacer carrera son variadas. Así que, al acabar los estudios, es conveniente tomarse un tiempo para considerar el camino que se va a tomar dentro del diseño de prendas de punto.

Espero que los contenidos del libro animen a todos a ser más curiosos sobre los diferentes aspectos del punto y a empezar a hacer investigaciones propias. Es necesario aprender las técnicas básicas y luego experimentar con ellas. Espero que este libro ayude a dar la confianza necesaria para crear diseños propios, así como a desarrollar intereses en el mundo de los tejidos de punto y de la moda.

Acabado
Técnica de terminar y sacar el tejido de la máquina.

Acetato
Fibra semisintética hecha a partir de pulpa de celulosa y de ácido acético.

Acrílico
Versión sintética de la lana, desarrollada por DuPont en la década de los cuarenta.

Adorno
Decoración mediante puntadas o aplicaciones sobre un tejido.

Agente
Persona autorizada para actuar en representación de una empresa para la venta de sus prendas.

Algodón
Fibra obtenida de la planta del algodón. Es versátil y suave.

Alpaca
Pelo suave y fino procedente de la cabra alpaca.

Alta costura
Prendas exclusivas diseñadas individualmente para clientes privados.

Angora
Pelo peinado fino y ligero procedente del conejo angora.

Aplicación
Tejido, abalorios o pespuntes aplicados sobre un tejido como adorno.

Arán
Tejido de punto con textura creada con trenzas, usando herramientas para transferir mallas.

Aumento
Método para aumentar el ancho del punto añadiendo nuevas mallas.

Basta
Hilos que pasan sobre las agujas y no se tejen.

Bordado
Puntadas decorativas cosidas en un tejido como adornos.

Borde
Orillo u orillado cerrado de un tejido de punto.

Bouclé
Hilo de fantasía que contiene bucles.

Brief
Conjunto de instrucciones dadas al diseñador para conseguir los propósitos, los objetivos y los resultados finales de un proyecto.

Calado
Agujero formado mediante la transferencia de una malla dejando una aguja vacía para que se forme en la siguiente pasada.

Canalé
Columnas de mallas del derecho y del revés que forman un tejido con elasticidad. Son ideales para las cinturillas, los cuellos y los puños de una prenda.

Carro
La parte principal de una máquina de hacer punto. Mueve las levas a través de la fontura.

Cashmere o cachemira
Pelo fino y suave de la primera capa de la cabra de Cachemira, con el que se hacen lujosos hilos.

Chainette
Hilo de fantasía que consiste en bucles de mallas o en un tubo de mallas.

Chenilla
Hilo de fantasía con textura aterciopelada.

Clavijas de la platina
Serie de agujas a lo largo del frontal de la fontura de agujas.

Columna
Hilera vertical de mallas tejidas.

Cono
Soporte para hilo.

Contador de pasadas
Registra el número de pasadas que da el carro de la máquina.

Cordón
Pequeño tubo de tejido.

Crepé
Hilo o tejido con una textura arrugada, a menudo con algo de elasticidad.

Cuadro
Motivo de punto trazado en un papel cuadriculado.

Cuerpo
La parte superior de una prenda. Prenda de arriba.

Derecho del tejido
La cara más interesante de un tejido.

Diseño asistido por ordenador
Uso de ordenadores para la moda y el diseño de prendas de punto.

Diseño conceptual
Visión del diseño basada en las ideas y los principios.

Dobladillo de puntilla
Dobladillo de motivo calado hecho con agujeros.

Doble fontura
Máquina de hacer punto con dos fonturas, por lo tanto, con dos pasadas de agujas en cada cara.

Drapeado
Forma en la que caen los tejidos.

Estambre
Hilo de lana suave e hilado de manera apretada. Las fibras se peinan en paralelo, lo que hace que el hilo sea suave y fuerte.

Fair Isle
Tejido de punto liso con pequeños motivos usando dos colores al mismo tiempo. En el revés del tejido se crean bastas.

Fieltro
Tejido grueso hecho a partir de lana. Las fibras se enmarañan, se apelmazan y se funden juntas mediante procesos que implican agua y calor. Estos tejidos no tienen hilos, por lo tanto, son ideales para cortar porque no se deshilachan.

Formación de malla
Manera de empezar las mallas en las agujas vacías. Existen diversos métodos.

Galga
Número de agujas en una pulgada inglesa de la fontura. El tejido resultante se teje en esa galga, dependiendo del tamaño de la máquina.

Glasilla
Primera versión de una prenda en tejido económico.

Guernsey/Gansey
Jersey tradicional de pescador.

Hilo con botones
Hilo de fantasía con pequeños bultos en su recorrido.

Hilo de lana de carda
Hilo suave, voluminoso y ligero que ha sido hilado con fibras que han sido cardadas, pero no peinadas. No ha de contener necesariamente lana.

Hilo jasqueado o retorcido
Hilo hecho con dos o más cabos torcidos juntos.

Hilo *ondé*
Hilo de fantasía con una estructura ondulada.

Industria artesanal
Las prendas se producen, normalmente, en la casa del productor.

Intarsia
Método de tejedura sencillo en el que no se repiten los motivos, o de grandes áreas con contraste de color. Es una técnica más laboriosa que los Fair Isle o los *jacquards*.

Jacquard
Tejido de doble fontura en el que se usa una ficha perforada o una máquina electrónica para crear un motivo. Esta técnica permite que las bastas se tejan en el revés del tejido.

Lana de cordero
Lana virgen 100%.

Levas
Parte del mecanismo situada bajo el carro de la máquina de hacer punto. Cuando están activadas determinan el movimiento de la aguja y, por lo tanto, el tipo de malla creada.

Lino
Fibra procedente de la planta del lino.

Lurex
Hilo de fantasía hecho mediante laminado o metal plastificado.

Lycra
Fibra sintética elástica desarrollada por DuPont.

Madeja
Cantidad de hilo que no está enrollada en un cono.

Malla cargada
El hilo se recoge y se mantiene en una aguja sin que se teja.

Malla
Bucle sencillo de hilo dentro de un tejido.

Mallas en posición anulada
Mallas que se mantienen en agujas que no trabajan sobre una serie de pasadas mientras otras agujas sí trabajan.

Mallas trenzadas
Grupos de mallas cruzados, repetidos a intervalos en la misma columna (torcido de columnas ornamental).

Mallas vueltas
Técnica de punto liso y mallas del revés que se alternan vertical y horizontalmente.

Maniobra de lengüeta
Uso de la herramienta de lengüeta para restaurar mallas caídas o para levantar bastas de un punto corrido.

Menguado
Forma en una prenda de punto en la que una columna de mallas va en paralelo a lo largo de la línea de un orillo.

Menguar
Manera de reducir el ancho del tejido tejiendo dos o más mallas juntas.

Mercado de masas de la moda
Prendas *prêt-à-porter* producidas en grandes cantidades y tallas estandarizadas.

Mercado
Negocio o comercio de un tipo de producto en particular.

Merino
Lana de alta calidad procedente de la oveja merina.

Mohair
Fibra procedente del pelo de la cabra de Angora.

Muestra de diseño
Diseño terminado destinado a la venta a través de un agente.

Muestra de tensión
Muestra tejida utilizada para calcular las mallas y las pasadas del tejido final de un diseño.

Muestra
Primera versión de un diseño para hacer una prueba de la técnica y el color.

Nailon
Poliamida.

Nicho
Grupo de producto especializado destinado a un área específica del mercado.

Número de hilo
Información del grosor del hilo con relación a su longitud y peso. Existen numerosos sistemas. En el sistema métrico, cuanto más fino es el hilo, mayor es el número. Por ejemplo, un hilo 2/32 es más fino que uno 2/28.

Pasada corta
Técnica para cambiar de dirección de tejedura antes de terminar una pasada.

Patrón base
Patrón utilizado como punto de partida para hacer patrones de prenda.

Patrón de punto
Instrucciones para tejer una prenda en las que se indica cuántas mallas y pasadas hay que tejer para cada parte de la silueta, así como la galga, el hilo y el tipo de mallas que hay que usar.

Glosario

Piezas de patrón
Muestras de papel usadas para informar sobre la silueta de una prenda. Estas formas pueden funcionar como puntos de partida para crear patrones de punto (véase patrones de punto).

Pinza
Área con forma, terminada en punta por uno o los dos extremos, que permite ajustar la prenda.

Predicción de la moda
Proceso de predicción de tendencias.

Prenda asimétrica
Prenda que tiene lados diferentes.

Prendas de alta gama
Prendas exclusivas, por debajo de las de alta costura, producidas normalmente en tirada limitada.

Punto bobo o revés-revés
Pasadas alternas de punto del derecho y punto del revés.

Punto calado
Tejido de punto liso con motivos calados hecho con un carro especial para calados o con técnicas manuales.

Punto liso
Tejido de peso ligero hecho en una máquina de una fontura. Es ideal para camisetas y para lencería.

Punto por trama
Consiste en la sucesión de mallas repetidas a lo ancho del tejido. Una pasada de mallas conecta con la siguiente formando un largo de tejido.

Punto por urdimbre
Consiste en cadenas de mallas verticales que se conectan unas a otras a lo ancho del tejido. Es ideal para ropa de verano, para ropa de deporte y para lencería.

Punto tramado
Técnica que implica poner un hilo grueso junto a uno fino mientras se teje. El hilo grueso se teje con el tejido de hilo fino, dándole a una cara del tejido un aspecto de plana.

Puntos corridos
Técnica en la que se tiran mallas y se dejan deshacer. Se pueden conseguir accidentalmente o mediante diseño.

Rayón
Fibra de celulosa regenerada obtenida a partir de pulpa de madera.

Remallado *grafting*
Técnica de costura que crea una unión invisible.

Silueta
Forma del contorno de una prenda o de una colección.

Target
Grupo de consumidores a los que se pretende vender.

Técnica de punto por partes (técnica de agujas anuladas)
Trabajar con parte de una pasada. A lo largo de las series de pasadas, el tejedor puede menguar el número de mallas para crear una textura tridimensional o para crear formas en bloque de color.

Tejido calado
Tejido con áreas transparentes y áreas opacas, que se puede hacer usando un carro especial o herramientas para transferir.

Tejido con hilo alternativo
Tejido trabajado con hilo provisional sobrante. Cuando se hace la formación de malla, proporciona un área de tejido de la que se cuelgan los pesos y en la que se puede mantener el tejido cuando se necesita poner por atrás de las agujas.

Tejido con sartas de cuentas o abalorios
Las cuentas se insertan en los hilos y pueden tejerse utilizando el método de tramado.

Tejido de doble fontura
Punto 1×1, a doble cara o reversible hecho en una máquina de doble fontura. Ideal para chaquetas y prendas pesadas.

Tramado
Técnica que consiste en sostener un hilo tramado entre o sobre las agujas. Después se trama mientras se teje.

Transferencia de malla
Mover una malla a una aguja cercana.

Vanisado
Tejedura simultánea de dos hilos. Cuando se teje un tejido de una fontura, un hilo se ve por el derecho y el otro por el revés. Cuando se teje un tejido de doble fontura, el segundo hilo se esconde en el centro del punto y sólo se aprecia si se quitan mallas para mostrar el interior.

Variado
Técnica usada cuando se trabaja a dos fonturas. Las agujas de una de las fonturas se pueden mover para que no estén alineadas con las de la otra, de tal manera que las mallas se crucen unas sobre otras en dirección lateral.

Leer los símbolos básicos

Los símbolos y los cuadros son la manera más fácil de explicar paso a paso las instrucciones para las técnicas de punto. Los cuadros de las máquinas de hacer punto sencillas se escriben normalmente para mostrar el revés del tejido, que el tejedor verá colgando de la máquina. Los cuadros de moda, más complejos, pue-

de que se escriban para leer el derecho, pero no tendrán los símbolos del revés. Esto ocurre así porque en los trabajos de moda es necesario indicar la dirección final de bajada de las mallas.

Un esquema muestra la configuración de las agujas y debe indicar qué ma-

llas mover, en qué dirección y cuántas mallas se han de transferir en un movimiento. También indicará cuántas pasadas se han de tejer. Los símbolos que se muestran aquí son para cuadros sencillos.

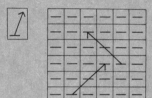

Levantar mallas (gofrado). Una flecha indica dónde levantar y soltar una malla. La base de la flecha muestra la malla que se levanta y la punta de la flecha muestra la aguja y la pasada sobre la que se suelta la malla.

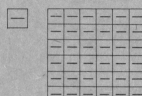

Malla del revés. Cuando el tejido cuelga de la máquina, éste es el lado que se sitúa frente al tejedor.

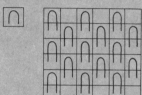

Malla cargada. Motivo alternado producido al cargar aguja sí, aguja no. Este motivo se puede tejer activando las levas del carro para malla cargada o utilizando la técnica de agujas anuladas para acumular mallas cargadas.

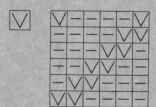

Malla retenida. Muestra el revés del tejido. Se puede hacer activando las levas del carro para malla retenida o se puede formar manualmente.

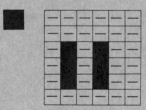

Posición anulada. En esta muestra se aprecia que las agujas 2 y 4 han sido anuladas. Se formará malla cargada en las pasadas 2, 3 y 4.

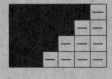

Posición anulada. Se han anulado agujas para hacer pasadas cortas. Las agujas anuladas aumentan gradualmente en cada pasada.

Leer los símbolos básicos

Las máquinas de hacer punto domésticas

Las Knitmaster

Las máquinas Knitmaster ya no se producen pero se pueden encontrar de segunda mano. Son máquinas buenas, de una fontura sencilla que incluyen el mecanismo de fichas perforadas y pueden convertirse en máquinas de doble fontura incorporando una placa de suplemento. Sus componentes se pueden comprar por separado: carros para calados, carros para intarsia y suplemento para tramado. Las máquinas de galgas finas son poco comunes y, por lo tanto, caras. Las Knitmaster de galga gruesa, con fichas perforadas, resultan ideales para principiantes, pero resultan limitadas para la creación de motivos.

Las Silver Reed

Estas máquinas son muy parecidas a las Knitmaster, pero más modernas. Existen versiones electrónicas en las tres galgas principales, pero son caras y requieren su propio sistema electrónico de programación. Aún existen versiones de galga estándar con fichas perforadas. Los guía-hilos de las Knitmaster también sirven para todas las máquinas Silver Reed. La YC6 es la mejor porque se puede convertir en una máquina de doble fontura. Algunas placas de suplemento sirven para las máquinas Silver Reed.

Las Brother

Otra marca popular de máquinas de punto domésticas son las Brother, antes llamadas Jones Brother. Ya no se pueden comprar nuevas en el Reino Unido. El mecanismo para hacer motivos es diferente al de las Knitmaster, pero son aproximadamente lo mismo. Algunas máquinas Brother más antiguas no vienen con carro para calados y otras, también antiguas, no tienen mecanismo de ficha perforada, pero son buenas para trabajar manualmente las trenzas gruesas. Si se tiene intención de comprar una máquina electrónica Brother, los modelos 950 ó 950i y posteriores son los mejores. Los modelos más antiguos deben evitarse, a menos que se haya comprobado que funcionan bien (se pueden conseguir a buen precio). El modelo 950 es una máquina electrónica antigua, pero está bien usarla si se cuenta con un proveedor en activo de fichas Mylar. El modelo 950i dispone de un mecanismo mayor para motivos y permite bajar motivos de un ordenador con el paquete del programa DesignaKnit. La Brother 965 y la 965i son similares a la 950 y a la 950i, pero son más nuevas y tienen un sistema de programación ligeramente diferente. Todas necesitan archivos especiales para bajar motivos desde un ordenador. No todas las placas de suplemento van bien con las máquinas electrónicas. Los guía-hilos de las

Brother sí que van bien para todas las máquinas y existen guía-hilos para dos colores: uno de una fontura y uno de doble fontura.

Las Passap

Es la marca más conocida de máquinas domésticas de doble fontura. Son similares a las industriales Dubied porque tienen la doble fontura incorporada de manera permanente. Ya no se encuentran nuevas. Se pueden añadir suplementos para hacer de ellas versiones más avanzadas o se pueden comprar versiones más modernas con guía-hilos para cuatro colores y con unidad automática de motivos con ficha perforada y motor. Los modelos E6000 y E8000 son versiones electrónicas de estas máquinas y posteriormente se hicieron modelos que se pueden usar con el programa DesignaKnit, con un cable especial de conexión.

Los números de hilo

Los números de hilo son sistemas que indican el grosor y el peso relativo de los hilos. Estos sistemas proporcionan una manera de trabajar con la longitud de hilo que se necesita. Un sistema tradicional utiliza dos parámetros, como un 2/6 (pronunciado dos seises). El primer parámetro representa los cabos que tiene el hilo, el segundo se refiere al peso de cada cabo por separado en una madeja. En los sistemas más tradicionales, se refiere al número de madejas en una libra de hilo. Cuanto mayor és el número de madejas en una libra, más fino es el hilo.

Para saber qué longitud y qué peso de hilo se necesita, primero hay que saber la longitud estándar de hilo en una madeja. Esto variará en función del tipo de hilo. Para el algodón, la longitud estándar es de 840 yardas. Para la lana de estambre, es de 560 yardas.

Si, por ejemplo, se quiere utilizar un hilo de lana de estambre de 560 yardas por madeja, con un número de hilo de 2/6, primero se multiplica 560 por el número de madejas (6) y se divide entre el número de cabos (2). 2 cabos de lana de estambre tendrán 1.680 yardas en una libra de peso. Los conos de hilo se suelen vender en múltiplos de 500 g. Sabiendo la longitud del hilo en un cono, se puede intuir el grosor del hilo.

El sistema métrico utiliza el mismo largo de madeja de 1.000 metros para todas las fibras, con relación al número de madejas en un kilogramo de peso.

Otros sistemas son el Denier, que se usa para los hilos artificiales de filamento, y el Sistema Internacional Tex. Ambos se basan en unidades de peso por gramos.

Una buena fuente para aprender/ sobre números de hilo se puede encontrar en http://www.offtree.co. uk/converter/index.html

Recursos útiles

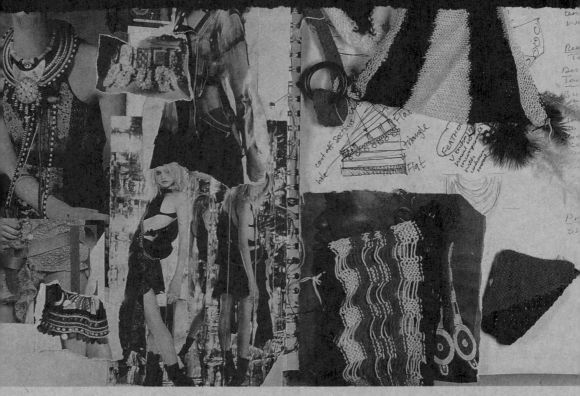

Sociedades, galerías y museos

British Fashion Council (Reino Unido)
www.britishfashioncouncil.com

Brooklyn Museum (Estados Unidos)
www.brooklynmuseum.org

Costume Gallery (Estados Unidos)
www.costumegallery.com

Costume Institute (Estados Unidos)
www.metmuseum.org

Costume Society (Reino Unido)
www.costumesociety.org.uk

Council of Fashion Designers
of America (Estados Unidos)
www.cfda.com

Crafts Council (Reino Unido)
www.craftscouncil.org.uk

Fashion and Textiles Museum
(Reino Unido)
www.ftmlondon.org

Fashion Awareness Direct
(Reino Unido)
www.fad.org.uk

Fashion Museum (Reino Unido)
www.museumofcostume.co.uk

Galleria del Costume (Italia)
www.polomuseale.firenze.it

Kobe Fashion Museum (Japón)
www.fashionmuseum.or.jp

Momu (Bélgica)
www.momu.be

Musée de la Mode et du Costume
de la Ville de Paris (Francia)
www.lesartsdecoratifs.fr

Musée des Arts de la Mode (Francia)
www.lesartsdecoratifs.fr

Museum at the Fashion Institute
of Technology (Estados Unidos)
www.fitnyc.edu

Museum Salvatore Ferragamo (Italia)
www.salvatoreferragamo.it

Prince's Trust (Reino Unido)
www.princes-trust.org.uk

Register of Apparel and Textile
Designers (Reino Unido)
www.yourcreativefuture.org.uk

Textile Institute (Reino Unido)
www.texi.org

V&A Museum (Reino Unido)
www.vam.ac.uk

The Worshipful Company
of Framework Knitters (Reino Unido)
www.agja63.dial.pipex.com

Páginas web	Publicaciones y revistas	Diseñadores
www.catwalking.com	10	Alexander McQueen
www.craftcentral.org.uk	Another Magazine	Bora Aksu
www.dazeddigital.com	Arena Homme	Christopher Kane
www.designsponge.blogspot.com	Bloom	Clare Tough
www.ecca-london.org	Collezioni	Cooperative Designs
www.edelkoort.com	Dazed and Confused	Craig Lawrence
www.fashioncapital.co.uk	Drapers Record	Derek Lawlor
www.fashion-enter.com	ID	Hannah Buswell
www.fashion-era.com	International Textiles	Hannah Taylor
www.fashionoffice.org	Marmalade	Issey Miyake
www.gfw.org.uk	Numero Magazine	Johan Ku
www.hintmag.com	Oyster	Juliana Sissons
www.knitkicks.co.uk	Pop	Julien McDonald
www.londonfashionweek.co.uk	Selvedge	Mark Fast
www.loopknitting.com	Tank	Martin Margiela
www.marquise.de	Textile View	Pandora Bahrami
www.premierevision.fr	View on Colour	Phoebe English
www.promostyl.com	Viewpoint	Pringle of Scotland
www.style.com	Visionaire	Rodarte
www.taitandstyle.co.uk		Sandra Backlund
www.wgsn.com		Shao-Yen Chen
		Shelley Fox
		Sid Bryan
		Simone Shailes
		Sonia Rykiel
		Viktor and Rolf
		Vivienne Westwood

Copley Marshall and Co. Ltd.
(Hilos)
Tunbridge Mills
Quay Street
Huddersfield
HD1 6QX
(No tienen página web)

The English Couture Company
(Entretelas y mercería)
18 The Green
High Street
Syston
Leicestershire
LE7 1HQ
www.englishcouture.co.uk

Fairfield Yarns
(Hilos)
9 Lea Mount Drive
Fairfield
Bury
Lancashire
BL9 7RR
www.fairfieldyarns.co.uk

Geoffrey E. Macpherson Ltd.
(Hilos para bordar tejidos de punto)
Unit 8 the Midway
Lenton
Nottingham
NG7 2TS
(No tienen página web)

George Weil Fibrecrafts
(Fibras, hilos y tintes)
Old Portsmouth Road
Peasmarsh
Guildford
Surrey
GU3 1LZ
www.fibrecrafts.com

The Handweavers' Studio and Gallery
(Fibras, hilos y equipamiento)
140 Seven Sisters Road
Londres
N7 7NS
www.handweavers.co.uk

Jamieson & Smith (Shetland Wool Brokers) Ltd.
(Hilos y fibras Shetland)
90 North Road
Lerwick
Islas Shetland
ZE1 0PQ
www.shetlandwoolbrokers.co.uk

John Andrews & Co.
(Hilos de lino)
The Stables
51 Old Ballygowan Road
Comber Newtownards
Co Down
BT23 5NP
www.andrewslinen.co.uk

The Lurex Company
(Hilos metálicos)
1 Harewood Row
Londres
NW1 6SE
www.lurex.com

Scientific Wire Company
(Alambre fino para tejidos de punto y de plana)
18 Raven Road
South Woodford
Londres
E18 1HW
www.scientificwire.com

Texere Yarns
(Hilos)
College Mill
Barkerend Road
Bradford
BD1 4AU
www.texere-yarns.co.uk

Todd and Duncan
(Hilos de *cashmere*)
Lochleven Mills
Kinross
KY13 8DH
www.todd-duncan.com

Tortex Engineering
(Máquinas de punto y accesorios)
Unit 8 Martlets Way
Goring-by-Sea
Worthing
BN12 4HF

Uppingham Yarns
(Hilos)
30 North Street East
Uppingham
Rutland
LE15 9QL
www.wools.co.uk

Whaleys (Bradford) Ltd.
(Tejidos, entretelas y accesorios)
Harris Court
Bradford
BD7 4EQ
www.whaleys-bradford.ltd.uk

Wingham Wool Work
(Fibras, hilos y tintes)
70 Main Street
Wentworth
Róterdam
S62 7TN
www.winghamwoolwork.co.uk

The Yarn Store
(Hilos)
17 Market Place
Oakham
Rutland
LE15 6DT
www.theyarnstore.co.uk

Yeoman Yarns
(Hilos)
36 Churchill Way
Fleckney
Leicestershire
LE8 8UD
www.yeoman-yarns.co.uk

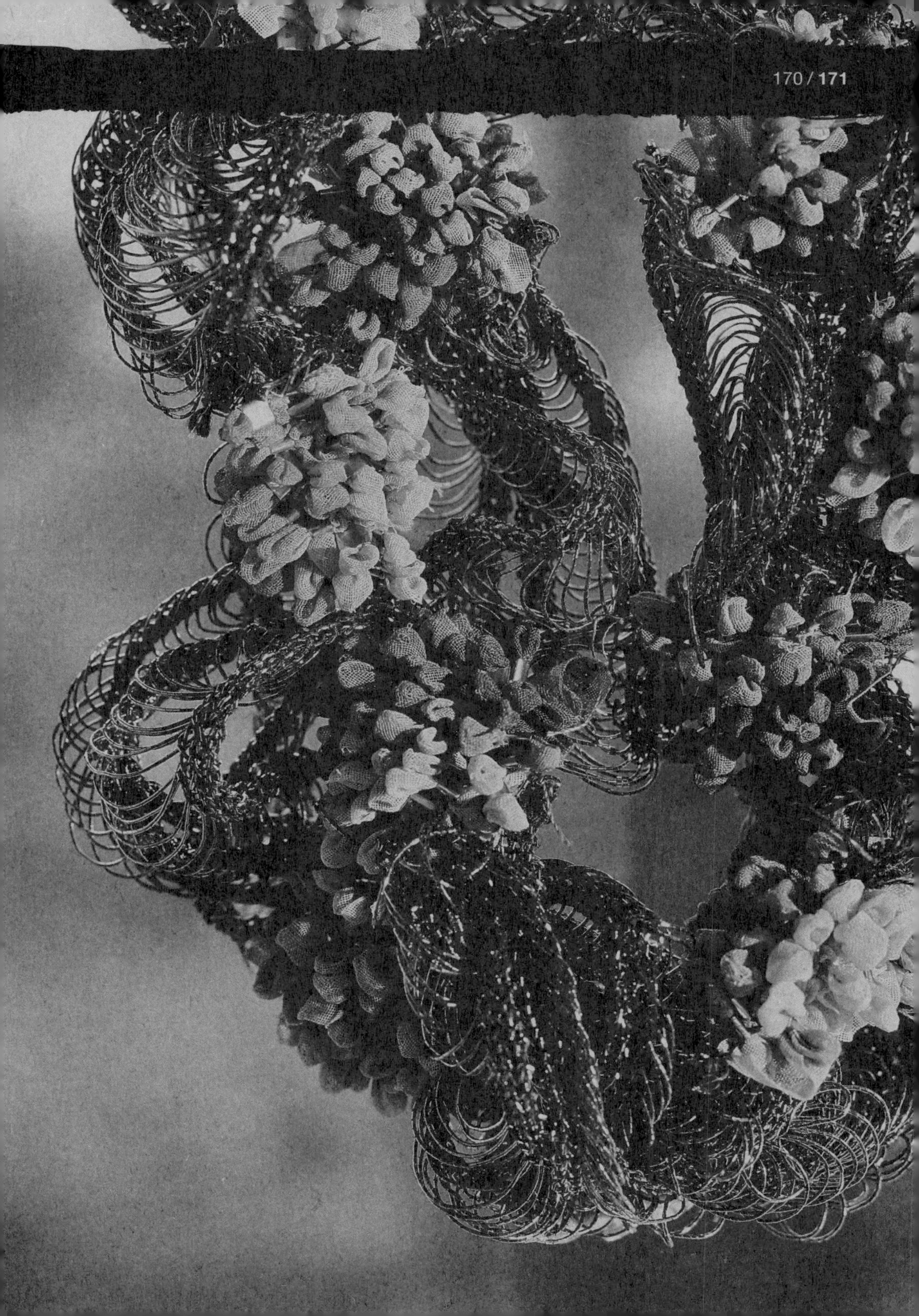

Adanur, S.
Wellington Sears Handbook of Industrial Textiles
Technomic Publisher, Lancaster, Pa., 1995.

Aldrich, W.
Metric Pattern Cutting
Blackwell, Oxford, 2004.

Allen, J.
The Machine Knitting Book
Dorling Kindersley, Londres, 1985.

Black, S.
Knitwear in Fashion
Thames & Hudson, Londres, 2002.

Brackenbury, T.
Knitted Clothing Technology
Blackwell Scientific Publications, Oxford, 1992.

Collier, A. M.
A Handbook of Textiles
Pergamon Press, Oxford, 1970.

Compton, R.
The Complete Book of Traditional Knitting
Batsford, Londres, 1983.

The Complete Book of Traditional Guernsey and Jersey Knitting
Bell and Hyman, Londres, 1986.

Cooper, J.
Textured Knits: Quick and Easy Step-by-Step Projects
Guild of Master Craftsman, Lewes, 2004.

Davis, J.
Machine Knitting to Suit your Mood
Pelham Books, Londres, 1982.

Duberg, A. y Van der Tol, R.
Draping: Art and Craftsmanship in Fashion Design
De Jonge Hond, Arnhem, 2008.

Faust, R.
Fashion Knit Course Outline for Hand-Knitting Machines
Regine Studio, Toronto, 1980.

Foster, L. G.
Constructive and Decorative Stitchery
Educational Needlecraft Association, Surrey, 1922.

Foster, V.
Knitting Handbook
Grange, Rochester, 2006.

Graham, P.
The Hamlyn Basic Guide to Machine Knitting
Hamlyn, Londres, 1998.

Gschwandtner, S.
Knitknit: Profiles + Projects from Knitting's New Wave
Stewart, Tabori & Chang, Nueva York, 2007.

Guagliumi, S.
Machine Knitting: Hand Tooling Techniques
Batsford, Londres, 1990.

Haffenden, V.
Double Bed Machine Knitting Explained
University of Brighton, Brighton, 1997.

Hartley, K. M.
Topics and Questions in Textiles
Heinemann Educational, Oxford, 1982.

Holbourne, D.
The Book of Machine Knitting
Batsford, Londres, 1979.

Hollingworth, S.
The Complete Book of Traditional Aran Knitting
Batsford, Londres, 1982.

Kiewe Heinz, E.
The Sacred History of Knitting
Art Needlework Industries, Oxford, 1971.

McGregor, S.
The Complete Book of Traditional Fair Isle Knitting
Batsford, Londres, 1981.

Mountford, D.
The Harmony Guide to Aran and Fair Isle Knitting
Collins & Brown, Londres, 2000.

Musk, D.
Machine Knitting: the Technique of Slipstitch
Batsford, Londres, 1989.

Machine Knitting: Technique of Pattern Card Design
Batsford, Londres, 1992.

Nabney, J.
Designing Garments on the Knitting Machine
Batsford, Londres, 1991.

Rutt, R.
A History of Hand Knitting
Interweave Press, Londres, 1997.

Shaeffer, C. B.
Couture Sewing Techniques
Taunton, Newtown, CT, 1993.

Sharp, S.
Textured Patterns for Machine Knitting
Batsford, Londres, 1986.

Spencer, D. J.
Knitting Technology
Pergamon Press, Oxford, 1989.

Stanley, H.
Modelling and Flat Cutting for Fashion
Hutchinson, Londres, 1983.

Tellier-Loumagne, F.
The Art of Knitting: Inspirational Stitches, Textures and Surfaces
Thames & Hudson, Londres, 2005.

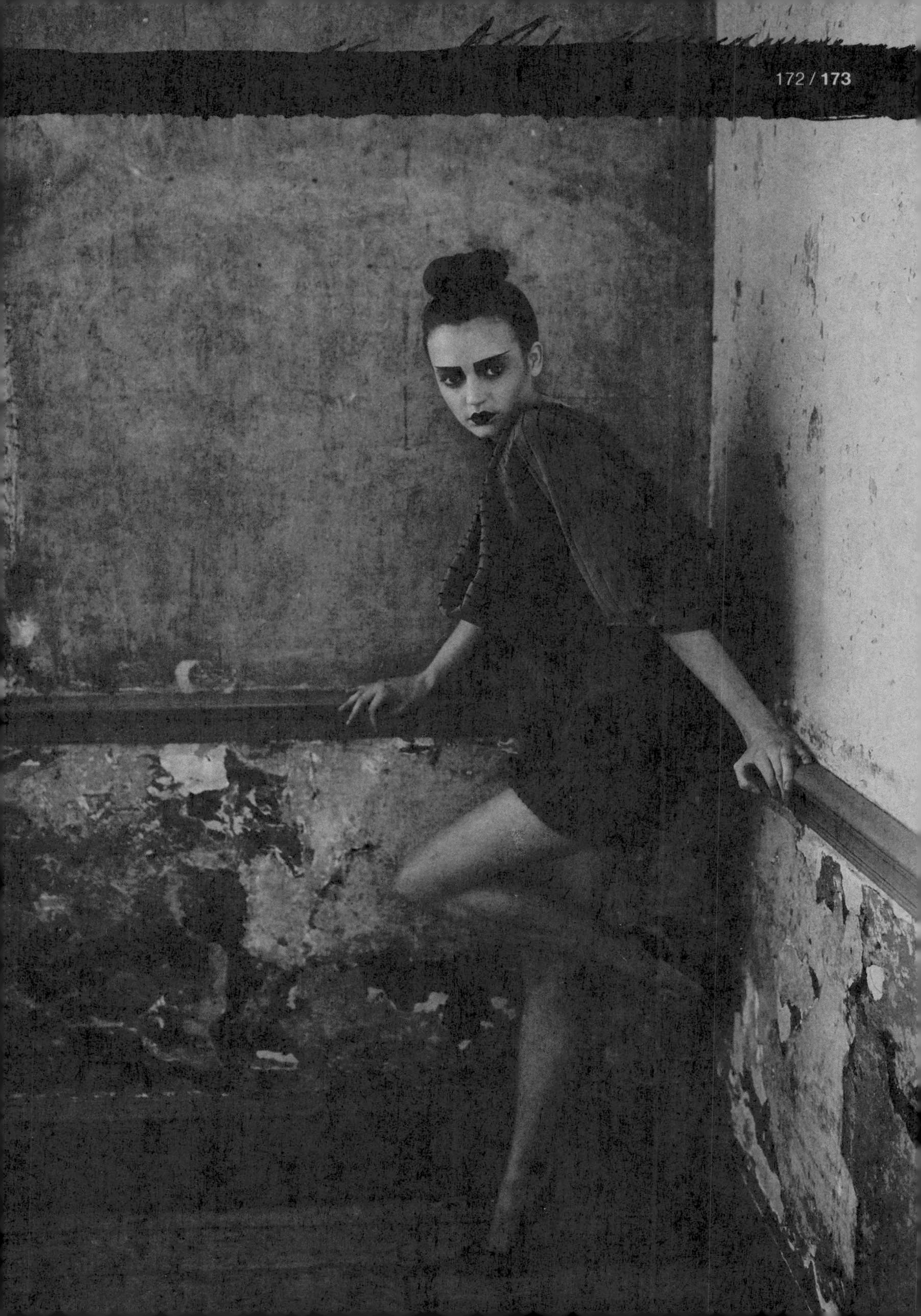

Agradecimientos

Me gustaría dar las gracias a cada una de las personas que me han ayudado durante este proyecto, en particular a todos los diseñadores con talento y a los estudiantes que se han graduado en la University of Brighton, en el Northbrook College Sussex, en el London College of Fashion y en el Royal College of Art. Vuestras contribuciones y fantásticos diseños y *portfolios* han hecho de este libro lo que ahora es.

Gracias, también, a Janet Tong, que me ayudó al principio con la investigación y a Caterina Radvan, por su ayuda y apoyo. Me gustaría agradecer especialmente a Vikki Haffenden y a Toni Hicks, de la University of Brighton, sus maravillosos consejos y su continuo apoyo. Gracias, también, a Mark Hawdon y Sarah Elwick, por vuestra ayuda. Gracias, enormemente, a Tom Embleton y a Jude Woodward del Northbrook College Sussex, por su generosa ayuda y apoyo.

Gracias, especialmente también, a mis queridas amigas Elizabeth Owen y Gina Ferri, de Cosprop Ltd. costumiers, de Londres, que me ayudaron sin descanso en la búsqueda histórica de prendas de punto cuando buscaba modelos y adornos. Gracias a Shelley Fox, que aguantó todas mis interminables peticiones de imágenes. Gracias a Janet Sischgrund y Alexander McQueen, por proporcionarme algunas imágenes tan bonitas, y gracias a Jojo Ma, por presentarme a algunos de los diseñadores con más talento.

Por supuesto, muchísimas gracias a Sifer Design y a todos los de AVA, especialmente a mi editora, Rachel Netherwood, por su asombrosa habilidad para mantener la calma en momentos de tensión (¡se acabaron las enormes cajas de papeles y disquetes por toda tu oficina!) Gracias por este gran aprendizaje.

Por último, gracias a mi hijo, Tom Sissons, por pasar al ordenador tanta cantidad de trabajo, y a mi madre, a mi padre y a mis amigos, por escuchar mis interminables charlas sobre el libro. Ahora ¡puedo empezar a socializar de nuevo!

Créditos de las imágenes e ilustraciones

Imagen pág. 3, cortesía de Johan Ku; pág. 6, cortesía de Alexander McQueen; pág. 8, cortesía de Laura Wooding; pág. 12 (1), cortesía de los Archivos del Museo de Shetland; pág. 12 (2), cortesía de Annie Shaw; pág. 13, cortesía de Alexander McQueen; pág. 14, cortesía de Jojo Ma; pág. 14 (2), cortesía de los Archivos del Museo de Shetland; pág. 14 (3), cortesía de Catwalking.com; pág. 22, cortesía de Alexander McQueen; pág. 25, cortesía de Jojo Ma; pág. 38, cortesía de Cooperative Designs; pág. 44, cortesía de Shelley Fox, fotografía de Lon Van Keulen; pág. 45 (2), cortesía de Alexander McQueen; pág. 45 (3), cortesía de Shelley Fox, fotografía de Chris Moore; pág. 54, cortesía de Sophie Brown; pág. 55, cortesía de Derek Lawlor, www.dereklawlor.com; pág. 58, cortesía de Mitchell Sams; pág. 64, cortesía de Katie Laura White; pág. 77, cortesía de Catwalking.com; pág. 79, cortesía de Catwalking.com; pág. 81, cortesía de Tirzah Mastin; pág. 86, cortesía de Catwalking.com; págs. 88 y 89, cortesía de Justin Smith; pág. 90, cortesía de Catwalking.com; pág. 91, cortesía de Johan Ku; pág. 93, cortesía de Alexander McQueen; págs. 98 y 99, cortesía de Jojo Ma; pág. 100, cortesía de Butcher Couture, www.butchercouture.com, fotografía de Victor Bergen Henegouwen; pág. 106, cortesía de Shelley Fox, fotografía de Chris Moore; pág. 109, cortesía de Dulcie Wanless; pág. 111, cortesía de David Wilsdon; pág. 130, cortesía de Elinor Voytal; pág. 132, cortesía de Catwalking.com; pág. 133, cortesía de Victoria Hill; pág. 134, cortesía de Dulcie Wanless; pág. 135, cortesía de Jojo Ma; pág. 136, cortesía de Zuzanna Fierro-Castro; pág. 139 (3), cortesía de Hollie Maloney; pág. 139 (4), cortesía de Catwalking.com; pág. 140, cortesía de Simone Shailes; pág. 143, cortesía de Jojo Ma; pág. 144, cortesía de Dulcie Wanless; págs. 148 y 149, cortesía de Amy Phipps; pág. 151, cortesía de Zuzanna Fierro-Castro; pág. 152, ilustraciones basadas en originales de Alison Hawkins; pág. 155, cortesía de Freddie Robins, fotografía de Ben Coode-Adams; págs. 154 y 155, cortesía de Shelley Fox, fotografía de Chris Moore (1 y 2), fotografía de Wilson Kao (3); pág. 158, cortesía de Knit-1; pág. 159, fotografía de Moose Azim; pág. 161, cortesía de Mette Thomsen; pág. 171, cortesía de Elinor Voytal; pág. 173, cortesía de Hannah Daglish; págs. 16-21, 23, 24, 26, 32-36, 42, 43, 47-51, 56, 57, 59-62, 66, 67, 69, 74, 75, 78, 83, 85, 94-97, 102, 103, 105, 107, 113, 117, 120, 121, 125, 137, 145, 150 y 153, fotografías de Andrew Perris; págs. 27, 70-73, 82, 84, 86, 87, 103, 104, 108, 111, 122, 123, 126, 128, 129, 135, 137 (5), 138, 142, 146-149, 151, 152, ilustraciones de Penny Brown.

MANUALES

DE DISEÑO DE MODA

La ética profesional

**Lynne Elvins
Naomi Goulder**

Nota del editor

Aunque el tema de la ética no es nuevo, su consideración dentro de las artes visuales aplicadas no es tan frecuente como sería de desear. Nuestro objetivo en este libro es ayudar a las nuevas generaciones de estudiantes, educadores y profesionales a encontrar una metodología que les permita estructurar sus opiniones y reflexiones sobre esta área fundamental.

Esperamos que estas páginas acerca de la ética profesional proporcionen una plataforma para la reflexión y un método flexible para incorporar las inquietudes éticas a la tarea de educadores, estudiantes y profesionales de la moda. Nuestro enfoque está estructurado en cuatro partes:

La **introducción** pretende ser una instantánea inteligible del panorama ético, tanto en términos de desarrollo histórico como de temas predominantes en la actualidad.

El **marco** sitúa las consideraciones éticas en cuatro áreas y se cuestiona acerca de las implicaciones prácticas en las que podemos incurrir. Marcar nuestra respuesta a cada una de estas preguntas en la escala incluida a tal efecto y comparar las respuestas entre sí nos permitirá realizar una exploración más profunda de nuestras reacciones.

El **caso práctico** propone el análisis de un caso real sobre el que se plantean unas preguntas éticas que deben ser consideradas en profundidad; esto constituye el núcleo del debate (en lugar de un análisis crítico), de tal manera que no existen respuestas predeterminadas, sean correctas o incorrectas.

Una **bibliografía complementaria** nos invita a considerar con mayor detalle determinadas áreas de particular interés.

La ética profesional

Introducción

La ética es un tema complejo que entrelaza la idea de las responsabilidades sociales con un amplio abanico de consideraciones relativas al carácter y a la felicidad del individuo. La ética concierne a virtudes como la compasión, la lealtad y la fortaleza, pero también la confianza, la imaginación, el humor y el optimismo. La cuestión ética fundamental, tal y como fue planteada en la antigua filosofía griega, es: ¿qué debo hacer? Ir en pos de una "buena" vida no sólo plantea inquietudes morales sobre la repercusión que nuestras acciones puedan tener sobre los demás, sino también inquietudes personales sobre nuestra propia integridad.

En los tiempos modernos, las cuestiones éticas más importantes y controvertidas han sido las de índole moral; con el crecimiento de la población y los avances en la movilidad y en las comunicaciones, no es de extrañar que las consideraciones acerca de cómo estructurar nuestra vida en común sobre el planeta hayan pasado a ocupar un primer plano. Para los artistas visuales y los comunicadores no debería resultar sorprendente que estas cuestiones se hayan incorporado al proceso creativo.

Algunas consideraciones éticas ya están ratificadas por las normativas y leyes gubernamentales o por los códigos deontológicos. Así, por ejemplo, el plagio y la vulneración de la confidencialidad pueden ser considerados delitos punibles, la legislación de varias naciones considera ilegal excluir a personas discapacitadas del acceso a la información o a los edificios, y el comercio de marfil como materia prima ha sido prohibido en muchos países. En estos casos, se ha trazado una clara línea que delimita lo que es inadmisible.

Sin embargo, la mayoría de las cuestiones éticas sigue estando abierta al debate, tanto entre expertos como entre legos en la materia, lo que nos lleva a tomar nuestras propias decisiones sobre la base de nuestros propios valores o principios rectores. ¿Qué es más ético, trabajar para una institución caritativa o para una compañía comercial? ¿Resulta poco ético crear algo que otros pueden encontrar feo u ofensivo?

Este tipo de preguntas específicas puede conducir a otras de tipo más abstracto. Por ejemplo, ¿deben preocuparnos únicamente las consecuencias de nuestras acciones sobre los seres humanos o debemos también prestar atención a sus repercusiones sobre el mundo natural? ¿Está justificado promover la aplicación de la ética incluso cuando ello conlleva sacrificarla por el camino? ¿Debería existir una única teoría unificada de la ética, como la tesis utilitarista, que defiende que la mejor línea de actuación es la que conduce a la consecución de la máxima felicidad para el mayor número de personas? O ¿deberían darse siempre diferentes valores éticos que condujesen a la persona en direcciones diversas?

Es posible que, a medida que nos adentramos en el debate ético y nos involucramos con estos dilemas a un nivel personal y profesional, nuestra manera de ver las cosas o nuestro punto de vista sobre los demás se transformen. La prueba de fuego, sin embargo, consistirá en observar (mientras reflexionamos sobre estas cuestiones) si, a semejanza de nuestro pensamiento, nuestra manera de actuar también se transforma. Sócrates, el "padre" de la filosofía, propugnaba que la gente actuaría "correctamente" de manera natural si sabía que era lo correcto; sin embargo, esto nos conduce a una nueva pregunta: ¿cómo sabemos qué es lo correcto?

Nosotros

¿Cuáles son nuestras convicciones éticas?

El elemento clave en todo aquello que hacemos es nuestra actitud hacia las personas y los asuntos que nos rodean. Para algunas personas, la ética forma parte activa de las decisiones que toman cotidianamente como consumidores, votantes o trabajadores profesionales; hay quienes apenas piensan en la ética, aunque esto no les convierte automáticamente en personas poco éticas. Las creencias personales, el estilo de vida, la política, la nacionalidad, la religión, el género, la clase social o la educación pueden influir sobre nuestra percepción ética.

Si utilizásemos la escala, ¿en qué lugar nos colocaríamos a nosotros mismos? ¿Qué elementos tenemos en cuenta cuando tomamos una decisión? Compara resultados con tus amigos o colegas.

Nuestro cliente

¿Cuáles son nuestras condiciones de trabajo?

Las relaciones laborales resultan clave para la inclusión de la ética en un proyecto, y nuestra conducta cotidiana es la demostración de nuestra ética profesional. De entre todas nuestras decisiones, la que causará un mayor impacto es la elección de aquellos con quienes trabajamos. Las compañías tabacaleras o los comerciantes de armas son ejemplos que se suelen citar a la hora de considerar dónde debe trazarse la línea, aunque muy raramente las situaciones reales llegan a ser tan extremas. ¿En qué momento deberíamos rechazar un proyecto por una cuestión ética? ¿Hasta qué punto la realidad de tener que ganarnos la vida afecta a nuestra capacidad de elección?

¿En qué lugar de la escala colocaríamos nuestro proyecto? ¿Cuál es el resultado de compararlo con nuestro nivel de ética personal?

01 02 03 04 05 06 07 08 09 10

01 02 03 04 05 06 07 08 09 10